九
九说中国

关隘拱卫的中国

安介生 编著

上海文艺出版社

目录

序论：说"关隘" / 001

一、**函谷关：** 关中门户　制衡天下 / 083

二、**雁门关：** 北塞重镇　雄瞰九州 / 103

三、**玉门关：** 丝路咽喉　西域门户 / 127

四、**剑门关：** 巴蜀锁钥　剑指西南 / 149

五、**居庸关：** 屏翼冀中　万里固塞 / 171

六、**嘉峪关：** 关陇西界　肇启九边 / 201

七、**山海关：** 据山跨海　钳制东藩 / 223

八、**梅　关：** 岭海重险　直达海南 / 251

九、**娘子关：** 三晋门户　护佑京畿 / 277

参考文献 / 294

序论：说"关隘"

关隘，即险要的关口。中国历史上关隘数量众多，自秦汉之时就有"雄关百二"的说法。它不仅是具有中国特色的军事防御建筑，而且也是一种自然与人文因素紧密结合的景观形态，带有浓厚而独特的中国传统文化色彩，承载着极为丰富的中国历史人文内涵，在中国历史文化的传承与演变中占据着突出的地位，可以说是中国传统文化的一种经典"符号"。

在中国数千年漫长的历史长河中，关隘的意象、关隘的故事、关隘的诗歌等，构成了多姿多彩的传统关隘文化，在中国人心目中营造了难以用简单语言表述的情结，凝聚成雄迈、深远、险峻、壮美等林林总总的"关隘意象"。

今天，我们纵览神州大地，遍布九州的处处雄关，犹如一颗颗洒落在中国广袤文化景观地图上的璀璨绚丽的珍珠，是人们缅怀先贤、回溯历史的珍贵文化遗产，也是人们闲暇之际寻味古代传奇的场所。因此，弘扬和保护中国传统关隘文化，是国人义不容辞的神圣责任。

一、"关隘"之释义

木有本，水有源，中国古今文字的流变亦如此。"关"之最初的文字结体，是一个可以独立表意的单音词，其初始之本意，在繁体字"關"的字形上被清晰地表达出来。东汉学者许慎所著《说文解字》，释之为"关，以木横持门户也"。即用大木将大门卡住，以断绝自由出入。故而，另一部古文字名著《方言》将"关"进一步解释为："关，闭也。"在现代汉语中，依然有

"关闭"一词，正好表达了"关"之古意。

中国古代语汇内涵之丰富多彩，演变之曲折复杂，在"关"这一个字词中表露无遗，如欲准确转译为别种语言，谈何容易！

例如，关隘、关口，在今天通常翻译为英文PASS，这一翻译其实十分勉强，不仅与"信、达、雅"的高要求相去甚远，就是连最基本的文字内涵也没有表达出来。因为在英文中，PASS一词的本义，只是表示山间狭隘的道路，只是一种自然地理状况，与中国传统文献中的所谓"关口""关隘""雄关"等意义相差甚远。

在中国传统文化典籍中，以"关"字为词根的组合词、与"关"相组合的联绵词汇十分丰富，不胜枚举。如"关梁""关隘""关塞""关津""关口""关陇""关东""关西""关中""关内""关外""关城""关山""关卡""关市""关税"，以及"险关""名关""雄关""乡关"等，令人目不暇接。

传统时代，随着社会的发展，"关"字的应用与内涵在不断拓展之中，因此，其意义也就不再仅仅局限于自家门户。譬如，根据儒家著名典籍《周礼》记载，先秦时期各国已设有"司关"一职，古人注释此"关"时称："界上之门也"或"境之门也"。此处，"关"已引申指各国边境上的出入口，即有边疆要道上的门户之意。关须设关门，平时据以查验过往的商旅和行人，战时可以抵御来犯的敌人。[①]

"关隘"一词的出现，则具备了人文与自然的双重属性。关隘的建置，一方面出于人为，另一方面着重利用山川险要，于是，雄关名塞，往往不仅是地理险要的代名词，也实现了政治地理控制的功能。故而，唐人崔融明确指出："天下之关必险道。"甚至在后人眼中，关卡的经济管理功能已经显得微不足道了，如宋代学者王应麟在《玉海》中总结："关之大小不同，其藩塞、岨隘、捍御邦域则一也。"

此外，与"关"意义与内涵相近或相似的汉语词汇也有不少，例如"口""塞""隘"等。

[①] 李楠编著：《中国古代关隘》，中国商业出版社，2015年6月，第2页。

口，明清时期，长城沿线地区关口数量极多，著名的关口有张家口、杀虎口等，又被称为"东口""西口"。清代学者顾祖禹在《读史方舆纪要》"蓟州"下指出：北方沿边地区"其边墙皆依山凑筑，大道为关，小道为口，屯军曰营，列守曰砦"。蓟州为明代长城"九镇"之一。长城上的重镇，又可称为"关"，如嘉峪关、山海关。长城为东西走向，而南北走向的通道，又被称为"口"。这样看来，天然之"关"，与人工之"口"只是大小、形制不同而已，并无实质之差别。

塞，《广韵·代韵》："塞，边塞也。"在古代文献中，"边关"与"边塞"因同义而可以互相替代。如高诱注释《吕氏春秋》"九塞"时称："险阻曰塞。"古代著名军事著作《吴子·论将》中称："名山大塞，十夫所守，千夫不过。"此处，"名山大塞"与"名山雄关"显然同义异字而已。古人常称先秦时秦国为"四塞之国"，其实，"四塞"即指四大名关。

隘，与"溢"同义，"隘"的本意就是"狭小"，与关口意义接近。如《广雅·释诂一》："隘，陋也。"引申为"险要之地"。《龙龛手鉴·土部》称："塯，险塯。"同指地形狭迫的险要之地。如晋代文学家左思《蜀都赋》有句云："一人守隘，万夫莫向。"其意义与"一夫当关，万夫莫开"的成语具有异曲同工之妙。古代的关卡常常建置在险隘的山口或要塞处，因此通称为"关隘"。如《南齐书·萧景先传》中载："惠朗依山筑城，断塞关隘。"

（一）"关"的经济意义：征收赋税之关卡

在中国传统社会生活中，"关"的经济意义是最基本的，也是最常见的。检阅古史文献，"关"的出现首先体现在经贸活动之中，即后世所常说的"关卡"，其功用在于向往来关口的货物收取关税。根据成书于战国时期的儒家经典《周礼》（即《周官》）记载，当时执政当局即以九种赋税名目聚敛财富，这九种赋税是：

> 一曰邦中之赋，二曰四郊之赋，三曰邦甸之赋，四曰家削之赋，五曰邦县之赋，六曰邦都之赋，七

曰关市之赋，八曰山泽之赋，九曰币余之赋。

"关市之赋"，为当时九大类赋税之一类。当时关节的管理者及关税的征收者被称为"司关"。如《周礼》载："司关，掌国货之节，以联门市，司货贿之出入者，掌其治禁与其征廛。凡货不出于关者，举其货，罚其人。凡所达货贿者，则以节传出之。国凶札，则无关门之征，犹几。凡四方之宾客叩关，则为之告。有外内之送令，则以节传出内之。"当时的所谓"门关"，不仅相当于现代的关税征收所，而且是外来宾客接待处，事务相当繁忙。

当时还规定，出入关卡要用凭证，如《周礼》记载："门关用符节，货贿用玺节，道路用旌节，皆有期以反（同返）节。凡通达于天下者，必有节，以传辅之。无节者，有几则不达。"即根据当时道路交通管理制度，往来经过门关都需要"节""传"等凭证，完成使命之后，还要归返这些交通凭证，没有交通凭证，是不能随意过关而巡游天下的。正是因为有这样制度的存在，才有了不少类似"鸡鸣狗盗"的传奇故事。

《燕丹子》载云:"燕丹去秦,夜到关,关门未开,丹为鸡鸣,众鸡皆鸣,遂得逃归。"这便是后来所谓"鸡鸣狗盗"故事的早期版本。因为先秦时期"关法"规定:"鸡鸣出客。"即等到早晨鸡叫之时,才开关放客出城。《三秦记》又载云:"函谷关,去长安四百里,日入则闭,鸡鸣则开,秦法也。"正是由于严苛关法的存在,才会出现"鸡鸣狗盗"般的无奈之举。

秦汉以来,关税制度得到进一步的发展,并且常常被视为中国古代"重农抑商"政策的重要体现之一。唐人徐坚等人所编《初学记》曾经回顾道:"汉兴,都关中,置关都尉,以察伪游,用传出入。(原注:传,即今之过所也)汉文除关,无用传。汉景复置,用传。汉武时,杨仆征南越有功,耻为关外人,为徙函谷关于新安。"这段记载应该视为汉代关隘早期历史的浓缩。设置关都尉,以"传"(即符信之一种,可以拼合相接,用以验证)为凭证,作为往来关隘及关卡的依据,是汉朝关隘管理制度的核心。

到三国时期，魏王曹丕即位时曾经下令减轻关税："关津，所以通商旅。设禁重税，非所以便民，其轻关津之税，皆复什一。"即重新恢复到"什一之税"。历史上最轻的关税是"什一之税"，即抽取货物价值的十分之一作为税金收取的额度。直到明清时期，关税仍然是封建官府非常重要的经济收入来源。近代以来，"海关"词汇的出现，不仅是对传统汉语词汇新的运用与发展，而且表达出其原有的征收来往赋税的意义。

（二）"关"的政治与军事意义：边境重镇

唐代人士崔融在其反对征收关税的上疏中有一句十分重要的评语："天下之关必险道。"毋庸讳言，在历代封建统治者心目中，关隘的政治及军事价值，在特殊时期或许要远远超越其产生的经济价值，因为重要的关隘往往是历代王朝政治控制与军事震慑的支撑点。传统封建专制政体的本质，在于最大限度地剥夺普通百姓的权益与自由。为了维护封建统治秩序与保持社会稳定，各级政权必须限制甚至剥夺百姓自由迁移与行走的权利，关禁制度正由此产生。

古语云:"天时不如地利,地利不如人和。"对于天时、地利、人和三者辩证关系的深入认识与掌握,正是中国古代政治与军事战略思想的精华所在。关隘,正是所谓"地利"之核心,古代军事思想家都极其重视关隘在战争中的作用。

早在先秦时期,关隘或关塞的军事防御与抑制内乱的功能已开始显露出来。当时,中国境内小国林立,万邦共存,为了控制人口往来,在各国之间的边境上出现了许多关口,这正是关禁制度的雏形。郑玄注解《礼记》时云:"关,境上门也。"东汉著名学者蔡邕在《月令章句》释云:"关在境,所以察出御入。"比较而言,同样称之为"关",其实际功能并不相同。征收赋税的关卡往往设置于闹市的边缘,而具有防御功能的关卡则设置于边境之上。

唐人徐坚所编的《初学记》总结:"按春秋之时,骑境皆有关门,以察行李。鲁有六关,楚有昭关(伍子胥逃楚,关吏拘之),秦地西有陇关,东有函谷关、临晋关

(今蒲津关所在),南有崤(音遥)关、武关,为关中(武关即秦诈楚之处)。""关中"之本义,就是"诸关之中"。"关中"也就象征着最坚固的堡垒。

西汉名著《盐铁论》指出:各国对于关梁的全面利用,是从战国时期开始的。先秦时诸侯国对于关隘险固的利用问题,桑弘羊进行了相当全面而深刻的阐发:

> 古者为国,必察土地、山陵、阻险、天时、地利,然后可以王伯(同霸)……楚自巫山起方城,属巫、黔中,设扞关以拒秦。秦包商、洛、崤、函,以御诸侯。韩阻宜阳、伊阙,要成皋、太行以安周、郑。魏滨洛筑城,阻山带河,以保晋国。赵结飞狐、句注、孟门以存荆、代。燕塞碣石,绝邪谷,绕援辽。齐抚阿、甄,关荣、历,倚太山,负海、河。关梁者,邦国之固,而山川者,社稷之宝也。
>
> (《盐铁论》"险固第五十")

桑弘羊所云"关梁者,邦国之固,而山川者,社稷之宝也",十分精确地指出了山川关隘的政治与军事价值。各国重视设置关卡,都有直接的防御目的。如楚国是为了防止秦国南下,秦国是为了防止诸侯的西进等。

又如先秦著名思想著作《管子·地图篇》更明确地指出:

> 凡兵主者,必先审知地图:轘辕之险,滥车之水,名山、通谷、经川、陵陆、丘阜之所在,苴草、林木、蒲苇之所茂,道里之远近,城郭之大小,名邑、废邑、困殖之地,必尽知之,地形之出入相错者,尽藏之,然后可以行军袭邑,举错知先后,不失地利,此地图之常也。

其实,自设立伊始,作为军事堡垒,关隘便拥有了"攘外"与"安内"两项最大的功能。可以说,"关梁"之价值,更在于人为利用天然之险阻。西汉竟宁元年(公元前33年),郎中侯应在上书中曾经一针见血地指出了封建政权设置"关梁"之原意:"自中国尚建关梁以制诸侯，所以绝臣下之觊欲也。"也就是说，封建统治者对于关隘的重视与推崇，不过是为了维护政治秩序与自身地位的安全。元代学者胡三省对此的注释颇具典型的训诂学意义：

> 关梁，设于水陆要会之处。因山隧而设塞，以讥陆行者为关；或立石，或架木，或维舟，绝水以讥舟行者为梁。

因此，关隘设置于水陆交通的关键之处，封建统治者正是利用天然之险阻，以达到其维护政治秩序与自身地位的政治目的。

为了强化关隘对内治安功能，历代统治者往往通过立法的形式不遗余力地加以强调。如《大明律》规定有"私度关津罪""私越冒度关津罪"等禁律，又规定："军、民出百里之外，不给引者，军以逃军论，民以私度关津论。"即军民出行百里之外，就需用"引"（即出行凭证），没有凭证出行，就犯有"私度关津"之罪。军士与普通百姓甚至没有自由出行百里之外的权利,限定之严苛,令人不寒而栗。可以说,关禁制度的文化意蕴是极其深远的,对关津的控制,成为封建王朝对广大人民震慑与控制的具体表现,关津控制网络是历代王朝政治监管网络的核心部分之一。

二、关隘历史:历代军事地理形势与关隘格局

从历史角度讲,"关"是古代国家在边界上的政治军事设置,因此被当做国家的门户。而"隘"则泛指山谷峡口等。"关"是统治政权人为构筑的以军事防御为主的设置,而"隘"更多的是出于自然形成的地理构造,为便于防守,关之所设往往依山隘险要构筑。历史上关隘的兴废往往和战争密切相关,在纷繁复杂的历代王朝变迁中,战乱层出不穷。相比之下,关隘的军事地理价值最为突出,远胜于经济价值与景观价值。

历史上最早对中国关隘体系进行全面考察的研究者,

当属南宋著名历史地理学家王应麟，在其所编著的《玉海》中，王应麟不仅特设"地理"一门，又在"地理"下开创"关塞"一类，将先秦到唐朝出现的重要关隘进行了系统的论证与说明。根据明代学者章潢的考察与判断，历史时期各个朝代疆域相差悬殊，军事防御形势也各有侧重。西周时期，太原、朔方之地为王朝的重点防御区域，而秦中（即关中）与塞下为西汉王朝性命攸关的腹心之区。唐朝军事防御的区域在碛北及沿边羁縻都护府所辖地区，而北宋时期军事重地则在与辽国、西夏国之间的边界地带，如河北中北部与宁夏贺兰山地区。

因此，要了解历史之关隘，必须划分不同阶段来探讨不同历史时期的军事地理形势与关隘格局的形成。

（一）先秦之关隘

先秦时期是国家与民族观念逐步趋于成熟的阶段，整体性、全国性的军事防御体系尚未建立起来，加之人们的地理认知水平尚处于较为原始童稚的状态，当时人们对中国境内各大关隘的功能与作用的认识是相当粗浅与模糊的。这一时期，广袤的中原大地之上并没有建立统一的政治与文化形态，小国林立，数量繁多，此消彼长，争斗不休。在这种群雄逐鹿、天下支离的原始状况下，以中央王朝为防御核心的关隘体系在当时还只能是一个遥远的"梦想"。

但是，名山大川的奇伟形态与军事功能依然进入了人们的视野，关隘体系的雏形呼之欲出。最早出现的著名关隘体系雏形就是《吕氏春秋》等著作所记录的所谓"九塞"。《吕氏春秋·有始览》称："天有九野，地有九州，土有九山，山有九塞，泽有九薮，风有八等，水有六川……何谓九塞？大汾、冥阨、荆阮、方城、崤、井陉、令疵、句注、居庸。""九塞"便是古今学者考察关塞沿革的渊源所在。如宋代学者王象之在《舆地纪胜》中称："天下九塞，雁门为首。"雁门关，即当时之句注关。

相传西周时期建立起"周十二关"体系，即围绕周朝王畿之地建立起来的门关体系。唐代学者贾公彦解释"司关"职能时指出：

> 司关，总检校十二关，所司在国内……王畿千里，王城在中，面有五百里。界首面置三关，则亦十二关，故云：关，界上门也……门谓十二国门，关谓十二关门，出入皆有税。（见《玉海"周十二关"条引》）

对此，明代学者柯尚迁在所著《周礼全经释原》一书中对此也考释云：

> 释曰：王畿千里，而五百里界，首面置三关，亦十二关。国货之节，通货贿之玺节也。凡节，皆掌节守之，惟玺节付之司关，使通货贿，以联门市。谓自外入者通之门与市，自内出者通之门与关，内外参联，以检滑商。

此外，先秦时期还有不少关隘在军事战争中发挥着重要作用。如楚国的扞关（又称捍关）、昭关、武关等。

如王应麟《玉海》卷二四中指出，关塞"五伯时诸大侯国皆有之。楚有昭关，鲁有六关，赵有井陉、高阳关，魏有漳关，秦有榆中临晋、峣武二关。关之大小不同，其藩塞岨陿、捍御邦域则一也"。扞关是古代巴国与楚国的分界关隘，昭关则是先秦吴国与楚国的边境关塞。

（二）秦汉时期的"关中"防御体系与"关东"

秦汉时期就是全国性关隘体系建设的完善时期，局域性的关隘体系已经得到很大的发展。畿辅重区——"关中"地区首先建立起完固的关隘体系，故"关中"又常被称为"四塞之国"或"四塞之地"，究其本意，即为"四关之中"，这构成了关中地区关隘体系的突出特征。唐代学者张守节《史记正义》对此解释：关中"东有黄河，有函谷、蒲津、龙门、合河等关，南有南山及武关、峣关，西有大陇山及陇山关、大震、乌兰等关，北有黄河南塞，是四塞之国也"。可以说，在广袤的华夏土地上，与关隘发展联系最为密切的核心区域莫过于"关中"了。

关中四面所设关隘都有特定的防御指向与功能：

首先，"潼关—函谷关"一线是扼制关东地区的咽喉所在，战略地位最为重要。潼关，即远古所称"桃林塞"，也是《吕氏春秋》与《淮南子》所记"九塞"中之"崤坂"。秦国崛起之时，最大的对手便是"关东六国"，"关中"与"关东"，形成当时天下政治军事形势的"两极"，正好构成天下逐鹿的掎角之势。因此，"潼关—函谷关"一线便成为关系到秦国存亡的咽喉要地。秦朝与西汉王朝中央朝廷面临最大的威胁，还是来自潼关以东地区，因此，函谷、崤山一线就成为拱卫关中地区最重要的防御重心。潼关或函谷关，成为秦汉时代的"天下第一险关"。关于函谷关地理形势，北魏大地理学家郦道元《水经·河水注》称：函谷关"邃岸天高，空谷幽深，涧道之峡，车不方轨，号曰天险。故《西京赋》曰：岩险周固，衿带易守，所谓秦得百二，并吞诸侯也"。古代学者甚至认为崤、函之地的得失是军事成败之决定性因素，如云"春秋时崤、函晋有也，故能以制秦；秦得崤、函，而六国之亡始此矣"（见顾祖禹《读史方舆纪要》卷五二）。

其次，关中南面的武关，是关中地区通往古代楚国（包括今河南南部及两湖地区等）的必经之路，故称为"秦、楚之衿要"。武关，位于今陕西丹凤县东南。《史记集解》引应劭之语云："武关，秦南关，通南阳。"武关山，又被称为少习山。《关中胜迹图志》描述武关形势称："山道险陁，北接高山，南临绝壑，为自楚入秦要隘。"

第三，西南的散关，是秦地通往巴蜀地区的必经之路。散关，地处今天陕西省宝鸡市西南大散岭上，关在岭上，故名大散关，为秦、蜀交通之衿要。明人陆深《知命录》记云："大散关，在宝鸡南二十里，和尚原在焉。山自西来，即秦岭一支，不独为秦、蜀之界，亦中国南北之界也。"清人顾祖禹也对散关的战略地位给予高度评价："（终）南山至蓝田而西，至此方尽。又西则陇首突起，汧、渭萦流，关当山川之会，扼南北之交，北不得此，无以启梁、益；南不得此，无以图关中，盖自禹迹已来，散关恒为孔道矣。"

第四，西北方向的萧关，又被称为陇山关，处于关中地区通往河西走廊地区的交通要道之上。萧关,在甘肃镇原县西北百四十里,关中四关之一(《括地志》：萧关,亦名陇山关),襟带西凉,咽喉灵武,故被视为关中地区北面之险要。

说到关中,就不能不提到"百二雄关"的典故。关于"百二雄关"的含义,古人的意见就不统一,一种解释是"百二重"或"百二所雄关",即雄关有一百零二处,或一百零二所。然而,在数量上凑足一百零二个关口,绝非易事,于是,就有学者提出了另外的解释。如宋朝学者程大昌在所著《雍录》一书中对"秦得二百齐得十二"问题进行了连篇累牍的说明："田肯曰：'秦得百二,齐得十二。'其语简隐,故诸家之说纷然。(颜)师古独取苏林,其说曰：'百二者,得百中之二,是二万人也。秦地险固,二万人足以当百万人也；齐得十二,言得二十万人,则可当百万人也。'予恐此说未然也。"不过,程大昌本人提出的解释也相当奇特："详其意指,则秦得百二者,言据此险阻,得一百人则可敌二百人也。若定其读,则当以'得百'为一句,而'二焉'自为一句也。是其所从以为百二者也。齐得十二者，犹云得十人则可当二十人也，亦当以'得十'为一句，而'二焉'自为一句，则是得十而能二之，其义自明也。"看来，古人简约的话语，留给后人太多联想的空间，反而让其本意变得扑朔迷离了。

这一时期，可谓全国性关隘体系的初创时期。除关中地区外，汉代的著名关隘已不在少数，如玉门关、阳关、白水关、天井关、美阳关、常山关、五原关等。玉门关、阳关的建设，无疑是西汉关隘建设中最突出的成就，也称得上是中国历史上影响最大且最为著名的"汉关"。在历代文学作品中，吟咏阳关、玉门关的诗词歌赋也不计其数。它们的出现与重要价值，都根基于西汉时期内地与"西域"的关系。

东汉时期定都洛阳，从而也在很大程度上改变了秦及西汉以来的国内军事防御格局，然而，为了保障中央政府的安全，必然需要在京畿地区建立起新的防御体系，其中关隘的建设也是其中重要的一环。有趣的是，与关中地区相仿，东汉洛阳四周同样有"四大关隘"的保护。

即成皋关、伊阙关、函谷关、孟津关。

伊阙关,为洛阳的南大门,位于今天河南省洛阳市南面的伊阙山口。伊阙山,又称为阙塞山、龙门山。龙门山势奇特,《水经·伊水注》称:"两山相对,望之若阙,伊水历其间北流,故谓之伊阙矣。春秋之阙塞也。"雍正《大清一统志·河南府》称:"伊阙关,在洛阳县南二十五里伊阙口,后汉灵帝时为河南八关之一。"

成皋关,又称为虎牢关,为洛阳的东大门,位于今天河南荥阳县西北汜水镇。宋代诗人陈与义在《美哉亭》一诗中对成皋关的雄奇形势作出了生动的刻画,他写道:

西出成皋关,土谷仅容驼。天挂一匹练,双崖斗嵯峨。
忽然五丈缺,亭构如危窠。青山丽中原,白日照大河。
下视万里川,草木何其多。临高一吐气,却奈雄风何。
辛苦生一快,造物巧揣摩。险易终不偿,翻身下残坡。

孟津关,是洛阳的北大门,位于今天河南省孟津县东。

其实，与"四关"名目有所差异，当时还有更为名噪一时的河南"八关"。《后汉书·灵帝纪》道："中平元年（184年）春二月，巨鹿人张角自称黄天，其部师有三十六万，皆著黄巾，同日反叛。安平、甘陵人各执其王以应之。三月戊申，以河南尹何进为大将军，将兵屯都亭，置八关都尉官。"注云："八关谓函谷、广成（城）、伊阙、大谷（又称太谷）、轘辕、旋门、小平津、孟津也。"很明显，设置八关最直接的目的，是为了阻止汉末黄巾起义军的强大攻势。

这八关的建置，同样也是围绕首都洛阳地区的。元代学者胡三省在《资治通鉴》注中综合学者们的考定，对八关的方位进行了全面说明：

> 函谷关在河南谷城县。（唐代李）贤曰：太谷在雒阳东，广成在河南新城县。京相璠曰：伊阙在雒阳西南五十里。轘辕关在缑氏县东南。《水经注》曰：旋门坂在成皋县西南十里。孟津在河内河阳县南。小平津在河南平县北。（唐李）贤曰：在今巩县

西北。(唐)杜佑曰：洛州新安县（治今河南新安县）东北有汉八关城。

轘辕关，位于今天河南偃师市东南轘辕山上。自春秋时代起，轘辕关已成为兵家虎视的险关要道，"轘辕之险"也是管子论述军事地理问题时所列举的典型。《史记正义》引《括地志》称："轘辕故关，在洛州缑氏县东南四十里。《十三州志》云：轘辕道，凡十二曲（一说九十二曲），险道也。"《太平寰宇记》卷五进一步解释为："按轘辕道十二曲，今置关焉。又按薛综注《东京赋》云：轘辕道坂十二曲，将去复还，故曰轘辕。"即谓道路曲折多变，使人如置身于迷阵之中。清代学者田雯在《轘辕关放歌》长诗中用雄肆不羁的笔触着意描写出了轘辕关雄奇的地理形势：

五丁神力齐斗强，二室凿破森开张。
宓窅洞壑立门户，下疏洛水奔洛阳。
车马不从此地入，迷途七圣风沙黄。

轘辕关自何代始，崎岖苹角回羊肠。

石子大者似石囷，小者弹丸如珠光。

禹行治水错伐鼓，涂山氏女来相将。

野语创自《淮南子》，《搜神》述异何谲狂！

五乳峰岚但咫尺，山椒神灊纷低昂。

三素云涌驳霞漏，吹笙王子摩青苍。

夭邪桃花路侧塞，翠筊天棘排两行。

惊泷声摇缑氏岭，匹练飞下金牛冈。

白髭老子游嵩客，八风四扈来徜徉。

春山淡冶迎人笑，燕子戴胜鸣村旁。

便与洪崖采药去，手抄术序长生方。

云骈一驾群灵接，上朝三十六玉皇。

（三）魏晋南北朝时期关隘建设

魏晋南北朝时期是一个民族大迁徙与大融合的时代。从东汉时期开始，周边民族大规模内迁，形成一股奔腾汹涌、难以阻挡的洪流。来自塞北的匈奴族，来自东北地区的"东胡族"后裔乌桓、鲜卑，来自西北的氐、羌族，都在陆续不断地向塞内迁徙。随着内迁人口的增加，各个民族都在努力追求政治权利与民族生存空间，西晋以后"五胡十六国"的出现，正是东汉以来民族大迁徙与大发展的结果。这一时期，为抵御大漠民族的南侵，北魏王朝创建了北方六镇边防体系。

关于东汉以后的关隘形势，《晋书·地理志》为我们提供了一条重要线索：

> （三国魏文帝曹丕）黄初元年（公元220年），复置并州，自陉岭以北并弃之，至晋，因而不改。

黄初元年，魏文帝曹丕正式登基称帝之年。"陉岭"正是雁门关之所在。也即是说，早在三国创立伊始，雁门关以北地区已划归为塞外民族之势力范围，不再属于中原政权的管辖了，这种状况一直持续到西晋，而雁门关以北地区正是北魏政权创建的根基之地。

北魏前期，定都平城（今山西大同市），地处内、外长城之间的塞北地区，而当时游牧于大漠南北的柔然人势力强劲,对北魏政权构成了巨大的威胁。为抵御大漠民族的南侵,北魏王朝特创建起北方六镇边防体系。对此,元代学者胡三省曾注释云:

> 魏世祖(即拓跋焘)破蠕蠕(即柔然),列置降人于漠南。东至濡源,西暨五原、阴山,竟三千里,分为六镇,今武川、抚冥、怀朔、怀荒、柔玄、御夷也。

与东汉及魏晋时期防御前沿不同,六镇的地理方位,均在长城以北的漠南地区,可以说,六镇防御体系的建设,本身是对长城一线防御系统的全面突破。如果说以长城一线为轴心的军事体系是纯粹以防御为目的,那么,六镇防御体系的最大长处在于集防御与震慑为一体,兼具对外军事防御与内部治理两大功能。

对于南方政权来说,最大的外来军事威胁自然是来自拓跋鲜卑的频繁南侵了。北魏的强盛与政权建设成就,给南方汉族政权以极大的威胁。如沈约在《宋书·索虏传》后评论：

> 自木末（即拓跋嗣）以来，并有贤才狡算，妙识兵权，深通战术，属鞬凌厉，气冠百夫，故能威服华甸，志雄群虏。至于狸伐篡伪，弥煽凶威，英图武略，事驾前古，虽冒顿之鸷勇，檀石之骁强，不能及也。遂西吞河右，东举龙碣，总括戎荒，地兼万里。虽裂土分区，不及魏、晋，而华氓戎落，众力兼倍。至乃连骑百万，南向而斥神华，胡旆映江，穹帐遵渚，京邑荷檐，士女喧惶。

拓跋焘率领的北魏军队曾一度南下至长江岸边瓜步山（在今江苏六合县东南），与南朝首都建康（今江苏南京市）仅有一江之隔，然而，最终无力渡过长江，全数占领南朝疆土。长淮一线成为南北政权的分界线。因此，当时最出名的关隘群是地处南北交界地区的"义阳三关"。《南齐书·州郡志》称："司州，镇义阳……（宋）泰始中，立州于义阳郡，有三关之隘，北接陈、汝，控带许、洛。自此以来，常为边镇。""义阳三关"通常指平靖关、黄岘关与武阳关。

平靖关，位于今天河南省信阳市西南，即先秦时期有名的"冥阨之塞"，地处中原南下之要道。其关所在地有大、小两个石门，凿山为道，林木茂密，崎岖难行。黄岘关又称为白雁关、百雁关、黄土关，位于今天信阳市南面。武胜关，又称为武阳关、澧山关，即先秦时期所谓"大隧直辕"要道，因地处三关之东，故又被称为"东关"。雍正《湖广通志》赞其形势云："雄踞上游，俯瞰诸方，险阨之地，用武之所。"

（四）隋唐之关隘

隋、唐两朝均定都长安（今陕西省西安市），国势之盛，为后世人所景仰。两个王朝的军事防御形势也多相近之处，只是隋朝国祚短促，在关隘体系上未有较大更张。唐朝在关隘体系建设上的成就是空前的，理应被视为全国性的关隘体系全面建成或规模初就的时代。据宋代学者王应麟的研究，《新唐书·地理志》记载，唐朝境内拥有各种关隘143处，其中关内有31处、河南15处、河东33处、河北24处、山南5处、陇右6处、淮南12处、江南1处、剑南12处、岭南4处。但是，经笔者核定，应该有151处。不过，这些数量往往是故关与今关并存合计，其中，有不少关隘已经成为人们凭吊前代功业的遗迹了，真正在唐朝具有军事与行政管理功能的关隘主要有26处。

据《新唐书·百官志》记载：唐朝建立了相当严密的门关核验制度。刑部下设有"司门郎中、员外郎各一人"，其职责是"掌门关出入之籍及阑遗之物。凡著籍，月一易之。流内，记官爵、姓名；流外，记年齿、貌状。非迁解不除"。唐朝门关检核制度的核心内容还有：

> 天下关二十六，有上、中、下之差。度者，本司给过所；出塞逾月者，给行牒；猎手所过，给长籍，三月一易。蕃客往来，阅其装重，入一关者，余关不讥。

各关分别置有关令与关丞等职,其职责是:"掌禁末游,察奸慝。凡行人车马出入,据过所为往来之节。"

根据《唐六典》《玉海》等书的记载,唐代所置26处关隘分别为:

上关六:京兆府蓝田关,华州潼关,同州蒲津关,岐州散关,陇州大震关,原州陇山关;

中关一十三:京兆府子午、骆谷、库谷,同州龙门,会州会宁,原州木峡,石州孟门,岚州合河,雅州邛崃,彭州蚕崖,安西铁门,兴州兴城,华州渭津;

下关七:凉州甘亭、百牢,河州凤林,利州石门,延州永和,绵州松岭,龙州涪水。

不难看出,就这些关隘的地理分布而言,关内道是关隘最集中的区域,也就是说,京城所在之地即关中地区,也是唐朝关隘防御体系拱卫的核心。

唐代又以洛阳为东都,因而东都洛阳的关隘防御体系建设规模仅次于关中地区。又河中地区，地处西京长安与东都洛阳之间，具有重要的战略地位，亦不乏关隘建设。这一时期，西南地区也得到巨大发展，成为唐王朝战略"大后方"，剑门关被视为第一雄关。所谓"剑门天险，古称一夫荷戈，万夫莫前"。剑门关，又常称为"剑阁"，位于今天四川剑阁县东北。明朝人杨时伟所辑《诸葛忠武书》中称："剑门关，在剑州北境，大剑山至此，两壁峭耸，有隘束之路。（诸葛）亮因立为剑门，姜维退守剑门，即此。"

（五）辽宋金元时期之关隘设置

唐代后期，东北地区契丹人的崛起，对汉族中原政权形成了严重的威胁。而塞内地区的割据内讧，又给了契丹政权扩展疆土的有利时机。石敬瑭割让"燕云十六州"，使曾经雄峙一时的关隘成为塞外民族的囊中之物，从根本上丧失了其军事地理意义。

后周时期，周世宗柴荣曾遣军攻取关南十县之地，南北政权从此以白沟为界。宋朝人李攸所撰《宋朝事实》

载:"广顺之时(951—953),(辽国君主)荒淫失政,周世宗乘其衰削,遂夺其关南之地,以瓦桥关为雄州,益津关为霸州,淤口关置寨。"案语称:"案周世宗兵下三关,《五代史》只载瓦桥关、益津关,而阙其一。考晁以道《嵩山集》云:三关谓淤口关、瓦桥关、益津关也。与此书合。"

可见,三关是当时南北政权分界的重要标志,不过关于"三关"的考定,学者们有着不同的看法。如元朝大学者马端临《文献通考·舆地考》就提出了不同的解释,"雄州"下记云:"本唐涿州,瓦桥关在易水之东,当九河之末。其地控扼幽蓟,晋陷契丹,周克复,建为州,置归义县,以易州容城来属。自周世宗以来,两河之地置三关:霸州益津关、雄州瓦桥关、瀛州高阳关,分置重兵,与真定府、定州相掎角。"他所指"三关"即为益津关、瓦桥关与高阳关,与李攸所称"三关"不同。笔者所见《御定渊鉴类函》所引《嵩山集》云:"周以数千之师伐契丹,不血刃而取益津关,继取瓦桥,又继取高阳关。是三关者,晋人弃之,以为契丹之元首,非特其为右臂也。"同样指高阳关、益津关、瓦桥关为三关。不知《宋朝事实》的校勘者所引为何种版本。

就知名度而言，高阳关（在今河北高阳县东）无疑应为北宋北方边境界上的"第一关"。北宋著名大臣富弼在《定州阅古堂》（《宋文鉴》卷一二）一文中称："天下十八道，惟河北最重。河北三十六州军，就其中又析大名府、定州、真定府、高阳关为四路，惟定州最要。定为一路治所，实为天下要重之最。"高阳关路，正因高阳关而定名，置于北宋庆历八年（1048），后改为河间府（治今河北河间市）。

所谓"关南"，即是"三关之南"地区。由于这一大片区域地势低洼、河道密布，因此，自五代后期至北宋朝，周世宗与北宋大臣何承矩等人持续因势利导，疏引河道，建造塘泊，既广水田，又利边防，辽宋边境地带便出现了以沼泽湖泊为塞河的独特景观。如周世宗夺取关南之地后，就开始着意浚疏河塘为南北界线。《识遗》一书又记云："五代失险，周世宗首于深、冀间浚胡卢河为限，宋守塘滦，而雄、霸二州间塘水不接，遂中置保定军，余塘水弥漫。"宋朝学者沈括在其不朽名著《梦溪笔谈》中对此称赏有加：

> 瓦桥关（在今河北雄县西南）北与辽人为邻，素无关河为阻。往岁六宅使何承矩守瓦桥，始议因陂泽之地，潴水为塞……于是自保州（治今河北保定市）西北沉远泺，东尽沧州泛沽海口，几八百里，悉为渚潦，阔者有及六十里者，至今倚为藩卫。

南宋人叶隆礼《契丹国志》一书在描述辽国的南面边界形态时也称：

> （辽国）正西与昊贼（即西夏）以黄河为界，西南至麟州、府州界。又次南近西定州北平山为界。又南至霸州城北界河。又次南至遂城北鲍河为界。又南近东至沧州北海。又南至安肃军自洞河为界。又南近东至登州北海。又南至雄州北拒马河为界。又南至海。

可以看出，辽与西夏、北宋之间的边界更多是以河流为界。除客观自然地理环境特点外，又加上当时宋朝官员持续地进行这种"以邻为壑"的塘泊疏浚行动，最终致使河流、河塘成为南北政权之间最主要的界线形态。辽宋间的界河又习称为"白沟"。

在国内治安防控体系的建设中，北宋创造性地推出了巡检司制度，全面取代了先秦至唐代的关禁制度，为后世所沿用，在中国治安制度史上占有重要的一席之地。宋人潘自牧《记纂渊海》引《四朝志》对宋代巡检司制度进行了阐释：

> 本朝巡检司，有沿边溪峒都巡检，或藩（应为蕃）汉都巡检，或数州数县管界，或一州一县巡检，掌训练甲兵、巡逻州邑、擒捕盗贼事。又有刀鱼船战棹巡检，江湖淮海置捉贼巡检，及巡马递铺、巡河、巡捉私茶盐等，各视其名分以修举职业，皆掌巡逻议（讥）察之事。

《宋史·职官志》对这一制度的情况进一步补充道：

> 中兴以后，分置都巡检使、都巡检、巡检、州县巡检，掌土军、禁军招填教习之政令，以巡防扞御盗贼。凡沿江、沿海招集水军，控扼要害及地分阔远处，皆置巡检一员，往来接连合相应援处，则置都巡检以总之，皆以材武大小使臣充。各随所在，听州县守令节制，本砦事并申取州县指挥。若海南琼管及归、峡、荆门等处，跨连数郡，控制溪峒，又置水陆都巡检使或三州都巡检使，以增重之。

元代的统一，是中国古代政治史上一件划时代的成就，影响极为深远。疆域之广袤，幅员之辽阔，超迈汉唐。然而，广袤的国土，须要超强的政治与军事控制力量作为后盾。为了控制广大的国土，元朝最高统治者将蒙古以及各族兵士派驻于全国各大重镇。如《元文类》卷四一《屯戍》载云："及天下平，命宗王将兵镇边徼、襟喉之地，而以蒙古军屯河洛、山东，据天下腹心，汉军、探马赤军戍淮、江之南，以尽南海，而新附军亦间厕焉。蒙古军即营以家，余军岁时践更，皆有成法。"《元史·兵志》也记载：

> 元初以武功定天下，四方镇戍之兵亦重矣……世祖之时，海宇混一，然后命宗王将兵镇边徼、襟喉之地，而河洛、山东据天下腹心，则以蒙古、探马赤军列大府以屯之。淮、江以南，地尽南海，则名藩列郡，又各以汉军及新附等军戍焉。

很显然，"河洛"与"山东"之地，是元朝军事防御体系之重心所在。元代是行省制度草创时期，当时各个行省的地域范围与今天的省级政区存在很大的差异，如中书省包括了今天河北、山东、山西等数省之地，河南江北行省则覆盖了今天河南、湖北北部、安徽及江苏北部，而这两块广袤的地区都被称为"天下腹心"之地，也是军队驻扎最为集中的区域。因此，关隘体系在元代并没有较大的发展，实际上处于相对弱化的地位。

（六）明代军事形势与关隘体系

无论是对外军事防御体系的建设，还是王朝内部治安功能的完善，明代都可谓中国历史上关隘工程获得巨大发展的时期。明朝也由此成为中国传统时代关隘体系建设规模最为庞大与完整的时期。

明朝李贤等人所撰《大明一统志》在每府之下特创设"关梁"一节，这在通志体例上也是一个重要突破，其记述了境内交通要道上的重要关隘与桥梁，为我们了解当时关隘的地理分布与空间结构提供了最直接的证明。据统计，其所记载府县共有关隘458处，较之《新唐书·地理志》所记151处关隘，在数量上几乎相当于唐代的3倍之多。其实，这些关隘原本都是客观存在的地理形态，其数量的增长取决于不同时代人们的认知与利用。

其实，明代又可称为边远及少数民族区域的关隘大发现及大发展时期。明代不仅基本上继承了以往各王朝所创置的关隘格局，而且为了适应国防与内部治安需要，又增建了不少新的关隘。明代边境及少数民族聚居的区域，设置了不少卫所，而就在沿边卫所辖境内，同时也创置了大量关隘。在今天四川省、重庆市与西藏自治区交界地区增置数量尤多。这也体现了有明一代在关隘体系建设与区域开发中取得的重大进展。

值得一提的是，辽宋金元以来，河北地区长城一带关隘的军事战略地位得到进一步重视。特别是元朝定都大都（今北京市）以后，京畿一带的险阻直接关系到大都的安全。如《大元混一方舆胜览》称："燕有三关。注云：三关者，曰松亭，曰古北，曰居庸，而平州之东又有榆关。凡此数关，一夫守之，可以当百。燕之重，以有关限之蔽也。"而明代"九边"防御体系的建立，更是将北方边防建设推上了空前的高度。

首先，对于明王朝来说，最大的军事威胁均来自长城以北，其中，包括大漠南北的蒙古政权与东北地区的满族政权。其次，永乐迁都北京，又让明朝的军事防御形势发生了重大转变。因此，建立坚固的北方防御系统，便成为明朝边防建设中的"重中之重"。明人王士性在《广志绎》卷一中称:"前代都关中,则边备在萧关、玉门急,而渔阳、辽左为缓。本朝都燕,则边备在蓟门、宣府急,而甘、固、庄、凉为缓……边备无定,第在随时为张弛,视虏为盛衰。"

明代前期,塞外的蒙古族政权对中原地区构成了最严重的军事威胁,而至明代后期,辽东地区的满族势力又对明朝边防发起了致命的攻击。《明史·兵志》载:

> 元人北归,屡谋兴复。永乐迁都北平,三面近塞。正统以后,敌患日多。故终明之世,边防甚重。东起鸭绿,西抵嘉峪,绵亘万里,分地守御。初设辽东、宣府、大同、延绥四镇,继设宁夏、甘肃、蓟州三镇,而太原总兵治偏头,三边制府驻固原,亦称二镇,是为九边。

为了阻击来自长城以北的军事威胁,明代建造起了历史上最为宏伟的北方军事防御体系,这就是后人所俗

称的"九边"。《明史·地理志》载:

> 其边陲要地,称重镇者凡九,曰辽东,曰蓟州,曰宣府,曰大同,曰榆林,曰宁夏,曰甘肃,曰太原,曰固原,皆分统卫所关堡,环列兵戎。纲维布置,可谓深且固矣。

必须指出,"九边"绝非仅指九个边疆重镇,而是一个异常复杂庞大的边防系统。明人王士性在《广志绎》卷一中指出:"九边延袤几八千里,墩、台、关、口,联以重墙,亦犹'长城'之遗而讳其名耳。"对此,多种明代军事史的著作进行了相当翔实的记载。如章潢《图书编·统论九边》称:

> 我国家建都燕京,三面邻边,防边大计,视古加详。自东至西,绵亘万里,曰辽东,曰蓟镇,曰宣府,曰大同,曰三关,曰延绥,曰宁夏,曰甘肃。此九边形胜大略也。每镇各设重兵,统以大将,副

以偏裨，监以宪臣，镇以开府，联以总督。无事则画地防守，有事则则犄角为援，地形、兵力，可谓备且周矣。

鉴于面对的外来威胁各有不同，"九边"体系内，各个重镇的作用与贡献也不尽相同。如对于京师安危来说，蓟镇（在今河北迁西县西北）无疑是首屈一指的边防重镇。如明朝大臣杨博在上疏中称："今之九边，以蓟镇为第一，盖腹心既安，四肢自无可虑，以故广调各镇之兵为之戍守。"与此同时，许多明朝人士也都清楚地认识到，大同镇（在今山西大同市）为抵御蒙古骑兵南侵的第一要冲。明清之间有识之士指出："大同于京师，尤为建瓴之势，朝发白登，暮叩紫荆，则国门以外，皆战场也。"故而，蓟镇、宣府（今河北张家口市宣化区）、大同又并称为"北门三镇"，而地处于蓟镇、宣府与大同镇之间的"六关"的重要地位尤为引人注目。

"六关"又分为河北境内"直隶三关"与山西境内"内三关"。"直隶三关"分别为居庸关、紫荆关与倒马关。山西"内三关"分别为雁门关、宁武关与偏头关。关于"六关"险要地势与彼此密切关联，明代学者章潢在《图书编·六关总叙》中称：

> 居庸隶蓟州，紫荆、倒马隶保定，雁门、偏头、宁武隶山西巡抚。居庸等关本太行山，与雁门诸山相断数百里，雁门亘南北，太行绝东西，表里纵横，左右萦带，阃狄藩华，险由天造。

明代"九边"中的嘉峪关，代表着明代疆域的"西极"，嘉峪关之外，则是"西域"。清代学者纪昀等人反复强调：明代版图西至于嘉峪关，嘉峪关之外即为"绝域"。"天下第一雄关"的地位与名声正由此逐渐确立起来。而"九边"中的山海关，代表明代疆域的"东极"，山海关之外，即是女真人的世界。明代后期，随着辽东地区女真人的重新崛起，辽东地区军事威胁的急剧上升，山海关在全国性军事防御体系中的地位迅速提升，骎骎然也大有成为"天下第一关"之势。

在内部治安防御方面，明代继承发展了宋元以来巡检司制度，巡检司制度也由此进入鼎盛时代。为数众多的巡检司设置于各地关隘，关隘与巡检司之间也形成了难以剥离的密切关系。

（七）清代军事地理形势与关隘体系的衰退

在鸦片战争之前，清王朝在疆域建设上取得了空前的伟大业绩，也廓定了中国历史时期全盛版图的规模。《清史稿·地理志》称："东极三姓所属库页岛，西极新疆疏勒至于葱岭，北极外兴安岭，南极广东琼州之崖山，莫不稽颡内向，诚系本朝。于皇铄哉！汉、唐以来未之有也……东西朔南，辟地至数万里，幅员之广，可谓极矣。"

空前的疆域同样需要超强的军政控制能力。为了实现全国的有效控制，清朝派遣八旗兵士分驻各地军事要地与重镇，构建出更加完整、更加严密的新的军事控制体系。关于清朝的边防形势，《清史稿·兵志八》"边防篇"称：

中国边防，东则三省，北则蒙边，西则新、甘、川、藏，南则粤、湘、滇、黔，而沿边台卡，亦内外兼顾，盖边防与国防并重焉。兹分述之：曰东三省，曰甘肃，曰四川，曰云南，曰广东，曰广西，曰蒙古，附直隶、山西，蒙边防务，曰新疆，曰西藏，曰苗疆，曰沿边墩台、卡伦、鄂博、碉堡。东三省为陪都重地，曰奉天，曰吉林，曰黑龙江，东连日、韩，北连俄罗斯，边防尤要。

清朝沿边地区的防御体系极其庞大而繁杂，其核心是由墩台、卡伦、鄂博、军台、碉堡构接而成的庞大网络。如《清史稿·兵志八》又称：

沿边墩台、卡伦、鄂博、碉堡，清初于各省边境扼要处，设立墩台营房，有警则守兵举烟为号。寇至百人者，挂一席，鸣一炮；至三百人者，挂二席，鸣二炮；至五百人者，挂三席，鸣三炮；至千人者，挂五席，鸣五炮；至万人者，挂七席，连炮传递。

其军台之制，始于顺治四年，自张家口迤西，黄河迤东，设台三百四十四座，台军七百三十二名。自张家口迄山海关迤西，设台四百十七座，台军一千二百五十一名。

内、外蒙古地区归入清朝的统一版图，诚为功垂千古的不朽功业。然而，蒙古地区地处塞外大漠之中，军事防御与交通联络都面临着极其严峻的考验。《清史稿·兵志八》又载：

蒙古各旗台、卡、鄂博之制，以大漠一望无垠，凡内、外札萨克之游牧，各限以界，或以鄂博，或以卡伦。盛京、吉林则以柳条边为界，依内兴安岭而设。其内蒙古通驿要口凡五道，曰喜峰口、古北口、独石口、张家口、杀虎口，以达于各旗。内蒙路近，商旅通行，水草无艰。其外蒙古之驿，则由阿尔泰军台以达于边境各卡伦。康熙朝征准噶尔时，设定边左副将军，而外蒙古军台之设，由内而外，其制始密。自察哈尔而北，而西北，而又西，迄乌里雅苏台，共置四十八台。……凡汗、王、贝勒过境，警晨夜，饲牲畜。商旅出其途，亦资捍卫焉。

与关隘体系建设的"黄金时代"——明代相比，关隘在清代的军事防御体系中的地位大为逊色了。用"用进废退"来形容历代关隘体系的演变趋势，应该是恰如其分的。对于清朝的边防与内部治安来说，明代的防御体系已经过时，远远无法满足现实需要了，换言之，大部分地处内陆的关隘在军事防御上发挥的功能是十分有限的。但是，长城一线的关口如喜峰口、古北口、独石口、张家口、杀虎口等依然在人们心目中占有举足轻重的位置，而这些关口的功能也往往体现于交通枢纽之上，而不是军事镇压与防御之上了。如杀虎口被称为"西口"，张家口被称为"东口"，都是内地百姓前往塞北地区的必经之路。

清代统一全国的盛举，正是从突破明代的北边重镇——山海关开始的，入关以后，清朝统治者以山海关外地区为"龙兴之地"，刻意地加以保护，限制关内的百姓随意涉足于白山黑水。然而，强邻在侧，蚕食鲸吞，愚民弱民的恶果是大片国土的沦丧。封禁政策的失误是令人痛心的。时至清末，东北地区全面解禁，"关内"与"关外"联成一体，东三省的开发迎来了飞跃的契机，成千上万的北方百姓涌入"闯关东"的移民大潮，在千百万移民的辛勤劳作下，东北地区也从人迹罕至的"茫茫荒原"一举成为稻豆飘香的"天下谷仓"。

天下雄关在军事防御上的功能削弱了，但并不影响其在社会生活中其他功能的发挥，转型的特色在清代关隘发展史上也是相当突出的。明清时代是商业蓬勃发展的时期，官府对关税的征收，成为国赋收入的重要来源，"海关"一词的出现更是传统时代关隘意义的拓展。

三、 雄关意象与关塞诗歌

雄关意象是传统中华文化精神最重要的形象依托之一，雄关诗词歌赋是雄关意象的载体，是关塞情思的寄托，是雄关景观的再现。追溯与研究中国雄关文化，就是在追溯中华民族数千年波澜壮阔的沧桑历程，腥风血雨，漫漫征途，我们可以从中窥探与触摸民族文化与民族精神的不朽灵魂。

(一) 雄关意象及其地理基础

这里所要讲述的"雄关"，自然不是泛称林林总总的普通关隘，而是在众多关塞中挑选出来的、具有宏伟而独特的地理景观形态且在中国历史上发挥过重要作用的关隘，都是至今为人们所熟知并津津乐道的著名关隘。

雄关，在中国传统的文化观念中喻示着非常壮阔的宏伟意象。大凡声名远震南北的雄关，无不耸立在地理形势特别险峻的形胜之区，"一将当关，万夫莫开"的羊肠狭道，雄关之"雄"与此不无关系。因此，群峰耸立、地势崎岖的山区及高原地区，往往就成为雄关相对集中的区域。清朝人叶方恒在《青石关》一诗中将人们心目中的雄关形象很简单地烘托出来，可以说，凡是道路险峻崎岖的所在，都会引发人们对"雄关""险关""难关"的遐想："两壁插天中一线，人从石缝窥天面。山头倒树挂飞云，山脚流泉奔急箭。夹谷当年应是此，雄关百二强齐垄。往来莫视作沧桑，夫子之名天不变。"

关隘的核心价值在于险要。唐人李筌所著《太白阴经》有云："关塞者，地之要害也。设险守固，所以阻隔蛮夷，内诸夏而外夷狄。"雄关所在，往往是举足轻重的战略要地，具有重大的战略价值，故而又必然是各方军事力量争夺的目标，血腥厮杀，都是夺取雄关险道必须付出的残酷代价，正所谓"狭路相逢勇者胜"。雄关险道又常常是界定区分的地理坐标，象征着地理形胜，意味着无情决战，浓缩着一段又一段不平凡的历史。

(二) 唐代以前的雄关故事与关塞诗歌

与文采绮丽的诗词歌赋相比，雄关的故事与传奇更早、也更广泛地流传于民间，成为后世文学作品中屡屡引用的典故。这些故事与典故是中华民族悠久历史的珍贵积淀，也是构成后世人们心目中雄关意象的无穷源泉。

最早的雄关典故，大概要算"老子过关"的故事了。老子，姓李，名耳，又名聃，字伯阳，是中国古代道家思想的创始人，是与孔子齐名的古代大哲学家。据载，老子的不朽著作《道德经》的完成，竟然与关隘有着特别的关联。据《史记·老子列传》记载，老子本为楚国人，后入周朝做官。他学识广博、思想深邃，孔子曾向他请教有关礼学的问题。当他看到周朝国势日衰，天下将乱，遂有归隐故里的念头。当他路经函谷关时，得到了关令尹喜的盛情款待。尹喜为函谷关的关令，他十分崇拜老子的学识与思想。他力劝老子将平生思想著述成书。《道德经》，也就在函谷关下完成的，共计五千余言。后来，尹喜也毅然弃官不做，追随老子，一起云游名山大川，共同探讨哲理，也成为一代思想家，被公推为道家思想发展史上的一大功臣，为后世留下了千古佳话。《汉书·艺文志》记载的道家著作中就有《关尹子九篇》，应该是尹喜本人的遗著。后世流传尹喜的轶事与遗迹极多，尹喜本人甚至幻化成仙，有关"尹真人"的神话故事不可胜数，均可视为后世对尹喜所作功绩的真挚纪念。明人黄仲昭在《题老子授尹喜〈道德经〉图》一诗中吟道：

叹息淳风日已沦，深探性命著微言。

当年不授关门尹，万古谁知道德尊。

（《未轩文集》卷十一）

在早期关隘故事中，"鸡鸣狗盗"的典故称得上妇孺皆知、家喻户晓了。这个故事之所以脍炙人口、流传不绝，其原因便在于它从一个特别的角度展现了一个特定时代的风貌。春秋时代的四大公子之一——孟尝君以喜养天下侠士著称，号称"门下客三千人"。当然，这些侠士的技艺各不相同。在田文危难之际，能学盗犬者为主人脱难，能学鸡鸣者骗开了函谷关。鸡鸣狗盗似乎为人所不齿，有时却能发挥至关重要的作用。明人郑岳在《咏函谷关》一诗中不无诙谐地调侃道：

> 雄关重锁三秦地，隘道曾摧六国师。
> 今日驿亭从夜度，却非齐客学鸡时。

"终军弃繻"的典故也是一则出于函谷关的故事。据《汉书·终军传》记载，终军为济南人，年少好学，文采出众，为人意气轩昂。当初，他进入关中，意在求取功名。所谓"繻（音须）"，就是一种布帛制成的符信。路过函谷关时，关吏特意发给了繻符，终军很奇怪，就询问关吏繻符的用处。关吏向他解释，繻符是作为入关人的凭证，以后出关时核对符合后方能放行。自恃才高的终军不屑一顾地将繻符丢在地上，大言道："大丈夫西游，终不复传还。"意谓入关之后，绝不会像普通人那样凭借繻符出关。果然，终军凭借出众的才华与胆识，很快得到了汉武帝的赏识，被任命为谒者，持节出关，巡视郡国。当他再出关时，关吏们不约而同地认出了他，相顾叹道："这就是那位抛弃繻符入关的读书人啊！"后世人对终军这种过人的胆魄深表钦佩，如唐代诗人王勃在《散关晨度》一诗中写道：

关山凌旦开，石路无尘埃。
白马高谈去，青牛真气来。
重门临巨壑，连栋起崇隈。
即今扬策度，非是弃繻回。

宋朝人胡宿在《函谷关》一诗中也表达了对前人的景仰：

天开函谷壮关中，万古惊尘向此空。
望气竟能知老子，弃繻何不识终童。
谩持白马先生论，未抵鸡鸣下客功。
符命已归如掌地，一丸曾误隗王东。

在古今雄关故事中，班超"生入玉门关"恐怕是最具悲壮情怀的。对于中原王朝来说，路途遥遥，维持在西域的治理，相当困难。据《后汉书·班超传》，班超为扶风平陵县（治今陕西咸阳市西北）人，是维护东汉在西域统治的第一大功臣。他本人也是《汉书》作者、东汉伟大史学家班固之弟。幼年家境贫寒，在官府里以抄写文书为生。但是，班超心怀大志，曾投笔感怀："大丈夫无它志略，犹当效傅介子、张骞立功异域，以取封侯，安能久事笔研间乎？"令在座一同抄书的伙伴十分惊愕。班超后被东汉官府派往西域地区，有力消除了匈奴在西域的影响，确立了东汉在这一广阔区域的权威，后因功被封为"定远侯"。然而，大英雄也是血肉之躯，大英雄也有儿女情长。对于长期戍守边地、远离故土的征人来说，对中原故土的思念是无法割舍的，玉门关则成为中原故土的象征。在戍守西域长达三十年之后，年迈的班超最终难以抑制思乡之情，恳求告老返乡。他在给皇帝的上疏中恳请道：

臣闻太公封齐，五世葬周，狐死首丘，代马依风。夫周、齐同在中土，千里之间，况于远处绝域，小臣能无依风首丘之思哉？蛮夷之俗，畏壮侮老，臣超犬马齿歼（纤），常恐年衰，奄忽僵仆，孤魂弃捐。昔苏武留匈奴中尚十九年，今臣幸得奉节带金银护西域，如自以寿终屯部，诚无所恨，然恐后世或名臣为没西域。臣不敢望到酒泉（治今甘肃酒泉市），但愿生入玉门关。

在这篇疏文中，班超历数古代仁人志士事迹，深切表达了对故国故土深深的眷恋，情挚意切，无比感人。汉和帝最后答应了班超的陈请，班超也如愿以偿地归老故土了。唐人胡曾在所撰《咏史诗·玉门关》中吟道：

西戎不敢过天山，定远功成白马闲。
半夜帐中停烛坐，唯思生入玉门关。

文采瑰丽的诗词歌赋无疑是中华传统文化宝库中最

为光彩夺目的"华彩乐章",也是华夏文人墨客比试才华的最佳方式。气势宏伟、地位险要的雄关景象更为人们提供了无限的创意空间。骈体词赋在中国传统文学中的特殊地位颇引人注目,它也是古代文学中颇有争议的组成部分之一。骈体文学最典型的特征是以华丽繁复的辞藻联缀,铺陈成篇,由此展现创作者高超的文学造诣与创作才能,可谓最具形式之美的文学体裁。函谷关作为秦汉时代的"第一雄关",其地位无法撼动。最早描述函谷关形胜的骈体文,当为后汉李尤所撰《函谷关赋》与《函谷关铭》。而在古今雄关故事中,班超"生入玉门关"恐怕是最具悲壮情怀的。

  陇坂与关山,是西北地区与关中及内地的地理分界标识,因而成为离情诗歌吟咏的重要主题。远行的游子以及从军的战士行至此地,才开始真正感受到边塞地区迥然不同的自然环境与地理风貌,这种身体与心理的不适应骤然加重了他们对亲人与故土的思念。"关山月""陇头流水"也由此成为极具代表性的地理意象与乐府诗曲牌名称。如南朝徐陵《关山月》,隋朝虞世基《入关绝句》等。

(三) 唐代关塞诗歌

唐代是传统关隘格局发展成熟与完善的时期，也是关塞诗歌创作的鼎盛时期，名篇佳作频出，犹如满天繁星，丰富了唐代诗歌宝库，为中国雄关文化做出了不朽的贡献。玉门关与阳关所在的西北地区，在当时人们心目中是刀光剑影的征战之地。在这种状况下，关塞诗歌在很大程度上成为战地之歌，如唐代诗人柳淡《征人怨》云：

岁岁金河复玉关，朝朝马策与刀环。

三春白雪归青冢，万里黄河绕黑山。

唐代伟大诗人李白也创作了不少抒发关塞情怀的关塞诗歌，如其所作《奔亡道中五首》之一云：

函谷如玉关，几时可生还？

洛川为易水，嵩岳是燕山。

俗变羌胡语，人多沙塞颜。

申包唯恸哭，七日鬓毛斑。

李白的诗歌创作继承了前代乐府诗的精髓，并将其发扬光大。他所作《关山月》气魄博大，感染力极强：

明月出天山，苍茫云海间。

长风几万里，吹度玉门关。

汉下白登道，胡窥青海湾。

由来征战地，不见有人还。

戍客望边邑，思归多苦颜。

高楼当此夜，叹息未应闲。

唐朝定都长安，京畿所在的关中四边的关隘自然是诗人们歌咏最为集中的题材，所以这方面的诗歌创作数量也最多。不少唐朝皇帝也积极地加入创作者的行列中来。如唐太宗李世民堪称中国历史上最著名的帝王之一，而他撰写的关隘诗歌同样是气魄非凡。唐太宗所作《入潼关》一诗云：

> 崤函称地险，襟带壮两京。
> 霜峰直临道，冰河曲绕城。
> 古木参差影，寒猿断续声。
> 冠盖往来合，风尘朝夕惊。
> 高谈先马度，伪晓预鸡鸣。
> 弃繻怀远志，封泥负壮情。
> 别有真人气，安知名不名？

与意气勃发的唐太宗相比，徐贤妃所作的《秋风函谷关应诏》一诗则多了几分婉约与凄恻：

> 秋风起函谷，朔气动河山。
> 偃松千岭上，杂雨二陵间。
> 低云愁广隰，落日惨重关。
> 此时飘紫气，应验真人还。

"四关之中"的长安，是高不可测的帝王宫殿与朝廷机构所在地，进入长安意味着仕宦生活的开始。对于初进关中的乡野士大夫来说，其忐忑不安的心情是可想而知的。清人蘅塘退士所编《唐诗三百首》收录了诗人许浑所作《秋日赴阙题潼关驿楼》，正是描述了这样的复杂心情：

红叶晚萧萧，长亭酒一瓢。

残云归太华，疏雨过中条。

树色随山迥，河声入海遥。

帝乡明日到，犹自梦渔樵。

称唐玄宗李隆基是一位风流倜傥的才子，当然一点也不过分。他才华横溢，度曲填词，得心应手，故有"梨园领袖"之誉，成为后世梨园界顶礼膜拜的偶像。李隆基所作的《早渡蒲津关诗》，气度也不同凡响：

钟鼓严更曙，山河野望通。

鸣銮下蒲坂，飞旆入秦中。

地险关逾壮，天平镇尚雄。

春来津树合，月落戍楼空。

马色分朝景，鸡声逐晓风。

所希常道泰，非复候繻同。

当时大臣附和唐玄宗的诗作也不少，不外乎一片歌功颂德之声。如张说《奉和圣制渡蒲关应制》一诗云：

蒲坂横临晋，华芝晓望秦。

关城雄地险，桥路扼天津。

楼映行宫日，堤含苑树春。

黄云随宝鼎，紫气逐真人。

东咏唐虞迹，西观周汉尘。

山河非国宝，明主爱忠臣。

稍具历史常识的人都知道，被后世人有些过分渲染的汉唐王朝，其实也并非事事如意、莺歌燕舞的"太平盛世",对于中下层普通百姓来说,更是如此。即使是雄关之侧,天子脚下,也常常会发散出与盛世不和谐的悲苦之声。诗圣杜甫正是一位关心普通百姓疾苦的仁者,《潼关吏》便是诗人的正义呼声:

士卒何草草,筑城潼关道。大城铁不如,小城万丈余。
借问潼关吏,修关还备胡。要我下马行,为我指山隅。
连云列战格,飞鸟不能逾。胡来但自守,岂复忧西都。
大人视要处,窄狭容单车。艰难奋长戟,千古用一夫。
哀哉桃林战,百万化为鱼。请嘱防关将,慎勿学哥舒。

"男儿何不带吴钩,收取关山五十州。请君暂上凌烟阁,若个书生万户侯?"在尚武风尚的激励下,无数血性男儿投笔从戎,奔赴沙场,期盼为国效力,封侯万里。其中包括不少才华横溢的杰出诗人。

在血雨腥风的沙场边,在北风呼啸的长城旁,这些诗人们常常百感交集、文思泉涌。用诗句尽情冲刷胸中之块垒,用诗句描写边塞壮美的风情。在唐代丰富的诗歌宝库中，关塞诗歌犹如一簇簇生机勃勃的奇葩异草，赢得后世人的喜爱与赞叹。众多关塞诗歌高手创作出一批精品诗歌，为中国关塞文化增添了绚丽的亮色。

王昌龄是一位著名的关塞诗人，创作了不少非常优秀的关塞诗歌。如《塞下曲》之一：

蝉鸣空桑林，八月萧关道。

出塞复入塞，处处黄芦草。

从来幽并客，皆共尘沙老。

莫学游侠儿，矜夸紫骝好。

又如《从军行》也是脍炙人口的著名诗篇：

青海长云暗雪山，孤城遥望玉门关。

黄沙百战穿金甲，不破楼兰终不还。

（四）宋元时期关塞诗歌与雄关意象

与唐代相比，宋代诗词中的关隘意象是相当暗淡的，甚至可以说是沉痛的。与汉唐人士不同，宋代诗人更多的是将名关作为意象式的寄托。因为真正在宋朝境内的著名关隘已不多见，当时的人们只能凭借丰富的想象去复原雄关意象。如北宋著名词人贺铸《捣练子·砧面莹》云：

> 砧面莹，杵声齐，捣就征衣泪墨题。
> 寄到玉关应万里，戍人犹在玉关西。

时至南宋，宋、金两国以长淮一线为界，汉唐以来的著名关隘都在西夏、金两国境内。这对于一大批爱国志士来说是莫大的伤痛。因此，丧失故国的悲痛与无奈，都倾泄在诗人的歌赋创作之中。大诗人陆游《诉衷情》倾吐了作者壮志未酬的悲愤：

> 当年万里觅封侯，匹马戍梁州。关河梦断何处，尘暗旧貂裘。
> 胡未灭，鬓先秋，泪空流。此生谁料，心在天

山，身老沧洲。

在南奔的词人当中，洛阳人朱敦儒的创作颇值得重视，客居他乡的愁苦与辛酸，对故土的深情怀念与追忆，在朱敦儒的词赋中得到了淋漓尽致的宣泄：

直自凤凰城破后，擘钗破镜分飞。天涯海角信音稀。梦回辽海北，魂断玉关西。

月解重圆星解聚，如何不见人归？今春还听杜鹃啼。年年看塞雁，一十四番回。

（《临江仙》）

"梦回辽海北，魂断玉关西。"对仗工整，寓意深刻，情感真挚，真可称得上绝妙好句。作者运用高超的文学技巧，极其凝练的表达，让人不禁拍案称奇。

南宋最杰出的边塞诗人当属张孝祥。张孝祥曾在南宋高宗时考取进士第一名，具有强烈的忠君爱民思想，极力支持北伐行动。

曾在边境地区任安抚使的大词人张孝祥对南北边塞地区非常熟悉，这种特殊经历对其边塞诗词的创作是相当关键的。《六州歌头》可谓张孝祥最出名的一首边塞词：

> 长淮望断，关塞莽然平。征尘暗，霜风劲，悄边声，黯销凝！追想当年事，殆天数，非人力。洙泗上，弦歌地，亦膻腥。隔水毡乡，落日牛羊下，区脱纵横。看名王宵猎，骑火一川明，笳鼓悲鸣，遣人惊。
>
> 念腰间箭，匣中剑，空埃蠹，竟何成！时易失，心徒壮，岁将零，渺神京。干羽方怀远，静烽燧，且休兵。冠盖使，纷驰骛，若为情。闻道中原遗老，常南望，翠葆霓旌。使行人到此，忠愤气填膺，有泪如倾。

塞外民族的南下，竟然使长淮以北地区成为牛羊遍野的游牧场。蕃王游猎，胡笳声声，中原故老的期盼时时牵动着张孝祥的心。每每登上边楼北望，都会让张孝祥感慨万千：

霜日明霄水蘸空，鸣鞘声里绣旗红，澹烟衰草有无中。万里中原烽火北，一尊浊酒戍楼东，酒阑挥泪向悲风。

(《浣溪沙》)

元代是一个重新统一的朝代，也是努力扫除分裂壁垒的时代，因此四方关塞不再是统治者刻意经营的重点。然而，改朝换代时期上演的残酷屠戮、血流成河的黑色记忆，使得元朝文学家的创作时时散发出阴森的气息。如元人李继本在《送翼主归相州》一诗中写道：

千营兵气黑沉沉，关塞萧条草木深。

蛇伏黄蒿嘘毒雾，鬼吹青火出空林。

儿童老大不相识，墟墓荒寒只自寻。

亲在远游烦爱惜，书来应抵万南（两）金。

又《别易水诸公》一诗云：

> 一家远隔万重山，古道人稀独自还。
> 夜月屡倾燕市酒，春风不度雁门关。
> 晴天雨散千峰外，野屋云生半席间。
> 兄弟何时重会面，灯前相对话时难。

好一句"春风不度雁门关"，与"春风不度玉门关"有异曲同工之妙，表明当时雁门关以北地区依然是荒远塞外的印象。元朝著名诗人张养浩是一位忧国忧民的正直官员，他所作《沉醉东风》：

> 班定远飘零玉关，楚灵均憔悴江干。李斯有黄犬悲，陆机有华亭叹，张柬之老来遭难。把个苏子瞻长流了四五番，因此上功名意懒。

张养浩途经潼关时，创作了一首《山坡羊·潼关怀古》是一首不可多得的佳作，为后人所传颂：

峰峦如聚，波涛如怒，山河表里潼关路。望西都，意踌躇。伤心秦汉经行处，宫阙万间都做了土。兴，百姓苦；亡，百姓苦！

看惯了王朝更迭，历尽了世间冷暖，元朝诗人的作品更具备了一种少有的时空穿透力。张可久的《卖花声·怀古》便是一首充满了历史沧桑感的力作：

美人自刎乌江岸，战火曾烧赤壁山，将军空老玉门关。伤心秦汉，生民涂炭，读书人一声长叹。

（五）明代关塞诗歌与雄关意象

明代关塞诗歌承袭了宋元以来仿古、怀旧、感伤的特色。虽不乏清新真挚之作，但总体上讲无法挽回唐朝以后关塞诗歌创作之颓势。如明人何景明所作《闻雁》一诗云：

见汝今南下，怜予一望家。

乱声求侣急，高影背人斜。

月静林无叶，云寒菊有花。

万行关塞泪，秋日堕悲笳。

又如明人韩邦奇所作《效古》诗云：

岁落众芳歇，秋来百草生。

万重关塞断，慷慨泪沾缨。

明代诗人谢榛所作关塞诗非常精致，耐人品读。如《塞上曲》云：

秋生关塞晓霜飞，日上辕门探骑归。

百战将军惊白发，不知凋敝几征衣？

又《塞下曲》云：

朔云黯淡古今愁,十月交河冻不流。

铁马无声关塞静,征夫月下唱梁州。

王世贞是明代著名的学者与文学家,当他穿行于河北、山西地界时,心中同样泛起了怀旧与感怀的情愫,其所作长诗《故关》云:

四塞河山险,中通一线行。

雄关蔽全赵,叠嶂拱神京。

尺地分寒暑,中天各晦明。

秋英开绣壁,夕照吐金城。

屋似浮空置,田疑傍汉耕。

云根穿作窦,石髓借为粳。

树杂旌旗拥,峰陪剑戟迎。

符从裹子计,阵拟率然名。

广武堪称客,成安未晓兵。

古来兴废事,太半误儒生。

明代关于"九边"的诗作特别多，如名臣于慎行《胡竺西山人游塞上入都坐谈边事》一诗云：

> 九边行尽到长安，抵掌论兵发指冠。
> 厌见羌夷秋入塞，愁闻汉将夜登坛。
> 黄金结客垆头尽，短铗成歌马上弹。
> 欲笑当年吴市隐，沉沦空作岁星看。

居庸关在明代的地位也举足轻重，被时人推崇为"天下之保障"，堪称"天下第一雄关"。对此，明朝人徐有贞在《居庸关铭序》（《武功集》卷二）中对居庸关的形胜及历史变迁作了翔实的评述：

> 居庸，天下之形胜险要处也。其山一名军都，距北京九十里，在昌平县之西北三十里。两山夹峙，束而为关。关之中延袤四十余里，广容方轨，旁皆峻壁，矗立万仞，有石城，跨东西两山之间，周回千二百丈，南北置门、敌台十二以为守御。《淮南

子》云"天下有九塞",此其一焉。夫论地之险者,若崤函、轘辕、句注、井陉,皆险于一隅,足为诸侯之守耳,非天下之保障也。惟(唯)是关左负辽海,右属太行,衡绝千里,当北方诸塞之上,独扼其冲,盖天造地设,以为屏绝,而保固郊圻、限隔中外者也,岂一隅之比哉!自古迄今,著为雄关,其在汉为上谷塞,常宿重兵以守,然数为匈奴所窥。唐自天宝后,为盗所据。五代暨宋,边尘蜂午,自是不为中国守者,殆数百年。唯我太祖皇帝肇一大统,神武所加,罔不率服,漠南万里,皆为属郡,而是关之险,乃归域中……

山海关为明朝疆域的"东极",其地位虽无法与居庸关相提并论,但也是举足轻重,时至明末,辽东战事激烈,山海关在天下人心目中的地位也迅速提升。如明人张宁《过山海关》一诗沉雄博大,充分展现了山海关的雄伟景象:

百二山海拥帝京,铁关金锁接长城。

辽阳千里无烽火,蓟北诸屯有重兵。

鼓角遥迎持节使,关门应迓弃繻生。

壮游未尽登临兴,一骑云飞海浪横。

(六)清朝及现代关塞诗歌与雄关意象

明清以来山海关"天下第一关"的美誉,最终由于"钦定",更变得无可争辩。清朝康熙皇帝的一首"御诗"为其戴上了"钦定"的金色光环。这位"康熙大帝"在序文中不无得意地讲道:"连山据海,地固金汤。明时倚为险要,设重镇以守之。我朝定鼎燕京,垂四十年,关门不闭,既非设险,还惭恃德,偶赋数言,聊以纪事。"

山海关

重关称第一,扼险倚雄边。

地势长城接,天空沧海连。

戍歌终岁苦,插羽不时传。

作镇隆三辅,征输困百年。

笳寒龙塞月，甲冷雉楼烟。

历数归王极，纲维秉化权。

漫劳严锁钥，空自结山川。

在德诚非易，临风更慨然。

清朝乾隆皇帝《入柳条边》一诗中为清朝对山海关以北的关禁政策作了辩解：

盛京柳条边，延袤数百里。木兰柳条边，长无半里耳。彼施平地此倚山，每因谷口为植援。事半功倍聊示禁，遮罗崇岭原，（周）千里如雄关。朝家习武有常例，非牟民产夺耕地。流来雁户反侵占，不可无斯为限制。春柳青青秋柳黄，入边咫尺即围场。平原策马小试猎，非关心喜应自强。

依乾隆的说法，柳条边主要有两条，即盛京（今辽宁沈阳市）柳条边与木兰围场的柳条边。木兰围场的柳条边的危害远不如盛京柳条边，乾隆对木兰柳条边的解释可谓软弱无力。

长城脚下的避暑山庄，是清朝历代皇帝休闲的好地方，长城内外的安谧，也让在这里放松心情的皇帝们倍感适意，这里有康熙《夏日山庄百花齐放》一诗为证：

咫尺雄关一线墙，景风已拂尚芬芳。
近都爱此清凉地，逢草逢花莫不香。

现代中国的雄关文化，不能不提到毛泽东的雄关诗歌。毛泽东以雄才大略著称，征战之暇，喜作诗词，风格雄浑博大，其中多首诗词着意表达气象万千的雄关意象，至今脍炙人口，为中国现代雄关文化增添了一抹异常灿烂的光彩。如毛泽东所作最早的一首雄关词，当属作于1930年2月的《减字木兰花·广昌路上》：

漫天皆白，雪里行军情更迫。头上高山，风卷红旗过大关。
此行何去？赣江风雪迷漫处。命令昨颁，十万工农下吉安。

《菩萨蛮·大柏地》是毛泽东作于1933年夏天的一篇著名词章,战火纷飞的烽烟,丝毫没有消磨掉作者心中英雄主义与浪漫主义的豪情,对祖国大好河山的热爱,更为作者的创作洋溢着爱国主义的情怀。你听:

赤橙黄绿青蓝紫,谁持彩练当空舞?雨后复斜阳,关山阵阵苍。当年鏖战急,弹洞前村壁。装点此关山,今朝更好看。

1935年2月所作的《忆秦娥·娄山关》,可称得上是毛泽东最为著名的雄关诗词,也是现代中国文学史中描述雄关意象最为成功的篇章之一,其中"雄关漫道真如铁",更成为表达豪迈情怀的名句:

西风烈,长空雁叫霜晨月。霜晨月,马蹄声碎,喇叭声咽。雄关漫道真如铁,而今迈步从头越。从头越,苍山如海,残阳如血。

在现代中国,曾经风云一时的雄关险道大多失去了其原有的军事防御功能与价值,留在人们心目中的主要是关隘的象征意义。人们不会忘记,在 20 世纪七八十年代改革开放初期,到处传颂着这样的诗句,为百废待兴的中华大地注入勃勃生机:

> 攻城不怕坚,攻书莫畏难。
> 科学有险阻,苦战能过关。

(一) 函谷关: 关中门户 制衡天下

地险崤函北,途经分陕东。逶迤众山尽,荒凉古塞空。
河光流晓日,树影散朝风。圣德今无外,何处是关中?

(唐)杨齐哲《过函谷关》

函谷关的由来与变迁

函谷关是中国秦汉时代最重要的关隘,位于今天河南省灵宝市境内。

它也是我国历史上建制最早的雄关要塞之一,据《考古通论》记载:"关塞起于殷。周称桃林地为桃林塞。

周武王伐殷，出函谷大会诸侯于孟津，克商，放牛于桃林，即设专门管理关塞的'司险'，桃林塞已成为重关……"可见，函谷关之建置，可以上溯至西周初年。由于该地西至潼关，东抵崤山，古称桃林或崤函。单从现代战争的角度去看函谷关，它并不具有多少军事价值。但是，在冷兵器时代，此关地势险峻，易守难攻。古语云："车不方轨，马不并鞍。"有"一夫当关，万夫莫开""一泥丸而东封函谷"之势。

桃林地段的大路，"东自崤山，西至潼津，通名函谷，号曰天险"。函谷关设在谷道的中途，背依稠桑原，面临弘农涧，群山雄峙，涧水横流，"其中劣（略）通，东西十五里，绝岸壁立，崖上柏林荫谷中，殆不见日"。在那时的战争中，敌军无论从崤山南北哪条道路而来，都要经过函谷关。函谷关险要的地势，再加以重兵防守，足以使犯关者却步，因此曾有这样的说法：谁拥有了函谷关，谁就拥有了战争的主动权。

历史上著名的崤函古道是古时通往洛阳、长安的必经之路，函谷关古道是其中最为险要的一段。崤函古道之所以号称"天险",就在于其诸多险要路段——"车不方轨,马不并鞍"。历代史籍对此多有记述。春秋战国时期,崤山道(今陕县、渑池间)即以险隘著称于世。公元前627年春,秦穆公不顾百里奚、蹇叔的一再劝谏,出师三百乘,潜行甚远以袭郑国(都今河南新郑市)。蹇叔之子与师,哭而送之曰:"晋人御师必于崤。崤有二陵焉,其南陵,夏后皋之墓也;其北陵,文王之所避风雨也。必死是间,余收尔骨焉。"秦师挥军东进,但尚在中途,郑国就已得到消息,秦军无功而返。四月,晋国果然陈兵于崤山,设伏兵。秦军惨败。崤山道所经行之途,山势高峻,谷深委曲,非常险要。《元和郡县志》"河南府"条下载:"自东崤至西崤三十五里。东崤长坂数里,峻阜绝涧,车不得方轨;西崤全是石坂十二里,险绝不异东崤。"《元和郡县志·陕州》又引《西征记》曰:"函谷关城,路在谷中,深险如函,故以为名。其中劣通,东西十五里,绝岸壁立,崖上柏林荫谷中,殆不见日。关去长安四百里。日入则闭,鸡鸣则开,秦法也。东自崤山,西至潼津,通名函谷,号曰天险。所谓'秦得百二'也。"函，是指盛物的匣子或套子，形容幽深、封闭。"函谷"之名，正出自于此。

战国时期，山东六国西进攻秦，秦国东击六国都要经过函谷关。地处这样的咽喉要地，函谷关自然成为秦与六国诸侯殊死相争的战争焦点。战国初年，函谷关属魏国。秦国经商鞅变法后，国力强盛，于公元前329年至公元前314年逐步攻占了这里的曲沃、焦和陕城。函谷关就是秦国在此期间建立起来的，此后，在秦与山东六国近百年的争战中，函谷关所在的崤函地区由于其重要的军事意义，始终是双方争夺的热点。

山东六国联合伐秦的进军路线，主要是自荥阳、成皋西行，经巩义、洛阳，穿过崤山后再攻打函谷关，再经此进入秦国腹地关中平原，双方往往在函谷关发生激战：

> 苏秦约从山东六国共攻秦，楚怀王为从（纵）长，至函谷关，秦出兵击六国。
>
> （《史记·楚世家》，怀王十一年）

与齐、魏王共击秦，至函谷而军焉。

（《史记·韩世家》，襄王十四年）

公子率五国之兵破秦军于河外，走蒙骜。遂乘胜逐秦军至函谷关，抑秦兵，秦兵不敢出。

（《史记·信陵君列传》）

春申君相二十二年，诸侯患秦攻伐无已时，乃相与合从（纵），西伐秦，而楚王为从（纵）长，春申君用事。至函谷关，秦出兵攻，诸侯兵皆败走。

（《史记·春申君列传》）

因为山东六国合纵攻秦多走此途，秦王才肆无忌惮地对楚王夸口说："寡人积甲宛，东下随，智者不及谋，勇士不及怒，寡人如射隼矣。王乃待天下之攻函谷，不亦远乎！"（《战国策·燕策二》）

另一方面，秦与山东六国作战，也多次兵出函谷，穿越豫西山地进军中原，所以纵横家有言："六国从（纵）亲以摈秦，秦不敢出兵于函谷关以害山东矣。"（《战国策·赵策二》）"且夫秦之所以不出甲于函谷关十

五年以攻诸侯者，阴谋有吞天下之心也。"(《战国策·楚策一》)

秦国如能控扼函谷关之险要，进可以出兵关东，袭六国而争雄天下；退可以守住关中门户，保八百里秦川不失，拥有极大的战略优势，可谓无往而不利。但是，一旦函谷关落入他国之手，秦国军队就会被封闭在函谷关以西，不但难以东进，还要随时面临着敌军入侵关中平原的危险。

春秋时，晋献公假途灭虢，先占据桃林，秦兵屡屡发兵争夺，但多次都未能成功，虽以当时秦穆公国势之强，也无法东进中原与华夏诸侯争霸。"二百年来秦人屏息而不敢出气者，以此故也。"(《春秋大事表》卷四)顾栋高阅读《过秦论》，曾经感叹："贾生有言：'秦孝公据崤函之固，拥雍州之地，君臣固守以窥周室。呜呼！此周、秦兴废之一大机也。'考春秋之世，秦晋七十年之战伐，以争崤函。而秦之所以终不得逞者，以不得崤函。"(《春秋大事表》卷三一)正因函谷关在军事上具有重要意义，秦国一再以全力对那里展开进攻，志在必得。函谷关设立后，由于地势险要，防卫坚固，抵御诸侯联军进攻时多有胜绩；仅在公元前296年，被齐、韩、魏合兵攻破，引起秦国朝野恐慌，被迫退地求和。

函谷关自设立以来，就成为举足轻重的军事要塞。在五纵攻秦、楚汉争霸战争中，函谷关都起到控制局势的作用，直至其后的西原大战及近代抗击日本侵略者的函谷之战，函谷关的作用都不容小觑。

公元前318年，楚、赵、魏、燕、韩五国联军合纵攻秦。秦军依据函谷关天险，开关迎敌。五国联军虽人数众多，但各有打算，面对秦国时各自推诿，都不愿出兵。因此五国军队与秦军在函谷关外相持数月无果。后秦守将出奇兵，断绝楚军粮道，再趁其军心涣散时出击，楚军败走，其他四国军队也溃散而逃。之后，到公元前243年，楚、赵、魏、韩、卫五国伐秦，结果均是同样的，"至函谷，皆败走"。

在秦末楚汉相争中，刘邦、项羽也曾争夺函谷关。公元前206年，项羽、刘邦约定"先入关者为王"。刘邦选择从陕西的商洛经过武关，再进入关中，此路秦国兵力较弱，刘邦所遇阻碍小，先行入关，秦王子婴出降。而项羽自恃兵力强大，一路走大道，与秦军主力正面相抗，花时自然较多。等他攻打到函谷关时，刘邦已经进入咸阳了。项羽知道消息后大怒，命大将黥布强行攻关，破关后将关楼烧毁，进而直逼咸阳，之后与刘邦上演了"鸿门宴"。八年楚汉战争的结果是项羽战败，自刎于乌江，刘邦称帝，建立西汉王朝。西汉定都长安，也当与函谷关险要的形势有关。

安史之乱时，唐军主帅哥舒翰被迫放弃守城计划，与安禄山叛军会战于函谷关西原地区，唐军被诱入函谷之中，遭受伏兵火攻，大败，哥舒翰投降。函谷关被攻破后，潼关、长安等地相继失守，唐玄宗狼狈逃往四川……杜甫的"哀哉桃林战，百万化为鱼"，就形象地记录了唐军与安禄山函谷关大战的悲剧。

明末，农民起义军李自成曾率军两出函谷关，与明军激战在关前的弘农涧河边，明将左良玉败退陕州；辛亥革命时，张钫起义，率领新军出陕西，与清军赵倜血战函谷关，打败清军后进入中原。

函谷关的景观与文化

函谷关至今已有数千年的历史,它的故址在豫西灵宝县东北。据《灵宝县志》记载,函谷关"西据高原,东临绝涧,南接秦岭,北塞黄河。一人守关,可以当百,由是函谷之名,遂雄天下"。也就是说,函谷关西靠连绵不断的衡岭原,东邻河宽流急的弘农涧,南依耸入云霄的秦岭,北濒浪涛滚滚的黄河。在古代,函谷关是中原通往关中的主要通道,历来为兵家必争之地。

自春秋战国以来的两千多年中,函谷关经历了七雄争霸,楚汉相争,黄巢、李自成等率领的农民起义,以及近代的辛亥革命、抗日战争,还有解放战争的狼烟烽火。无论是逐鹿中原,抑或进取关中,函谷关历来都为兵家必争的战略要地。

历史上函谷关有三处,即秦函谷关、汉函谷关与魏函谷关。

早期,最著名的当然就是战国时期的秦函谷关。秦函谷关紧靠黄河岸边。西据高原，东临绝涧，南接秦岭，北塞黄河，是我国建置最早的雄关要塞之一，它始建于春秋战国之际，是东去洛阳、西达长安的咽喉，素有"天开函谷壮关中，万古惊尘向此空""双峰高耸人河旁，自古函关一战场"之说，为兵家必争之地。秦函谷关在今河南灵宝市北十五公里的王垛村。据《元和郡县志》中关于函谷关"绝岸壁立，崖上柏林荫谷中，殆不见日"的记载，函谷关当时的地形极为险峻，且森林茂密。不仅道路两旁有森林，整个弘农河畔的陡坡上都应该是森林。因为森林树木繁茂，所以人们才只能由谷中道路通行，这也正是它的险要之处。古人称这条道路是"邃岸天高，空谷幽深，涧道之峡，车不方轨，号曰天险"。今天的函谷关镇王垛村位于弘农河西岸，村子西面有一处缓坡，坡上有梯田，梯田各分层间落差不是很大，整个坡就显得不是很险峻，完全为"缓坡"，与史料中的描写有相当大的差异；王垛村以及周围附近地区也没有繁茂的森林，就是西到潼津的大道上也很少有树木，"空谷幽深""车不方轨"的形势早已不见，根本说不上什么"天险"了。可见当年险峻的函谷关历经千余年，在自然、人为等多重因素作用下已发生了极大的改变。

王垛村现属函谷关古文化旅游区，是国家 AAA 级旅游区（点），距三门峡市区 75 公里。这里的函谷关即秦函谷关，地处长安古道，关城遗址建筑早已无存。《太平寰宇记》中称"其城北带河，南依山，周回五里余四十步，高二丈"。根据史书记载和文物钻探考证，函谷关关城应为不规则长方形，用长、圆、平夯打而成，有东、西、南三道城墙。遗址与史书记载基本相吻合。1992年，还在关城遗址北部 20 米略偏西处发现了古冶遗址。

函谷关的西侧就是函谷古道了。函谷古道全长 15 公里，是古代洛阳到长安的必经之路。东起弘农涧西岸的函谷关东门，横穿关城向西，由王垛村的果沟、黄河峪、狼皮沟至古桑田（今稠桑），是古时这一带唯一的东西通道。谷深 50 至 70 米，谷底宽 10 米左右，最窄处只有2—3 米，谷岸坡度 40 度至 80 度，谷底有蜿蜒道路相通，崎岖狭窄，空谷幽深，人行其中，如入函中。关道两侧，绝壁陡起，峰岩林立，地势险恶，地貌森然。古代军事家称此道是"车不方轨，马不并鞍""一泥丸而东封函谷"，是古代这一地区的东西交通咽喉。

函谷古道东端、东城墙的中部是函谷关东门，它又称丹凤楼，依弘农涧而筑。遗址南北长60米，东西宽50米，呈凹形，坐西向东，控制着入关的要道。原函谷关楼在楚汉相争时，被楚霸王项羽手下的大将黥布放火焚毁。后来经过多次修复，但又多次毁于战火。现存的函谷关城楼，是依据成都青阳宫汉墓中出土的砖雕上函谷关关楼的图案，由灵宝灵化集团于1992年投资修建的复古建筑。关楼南北长71.2米，高21.5米，仍呈凹型，坐西向东，为双门双楼悬山顶式三层建筑，楼顶各饰丹凤一只，故称"丹凤楼"，也有人叫它"双凤楼"。整座关楼承袭了秦汉的建筑风格，上部城楼都是木质结构。桂林七星公园的"中华五千年"大型浮雕的右上方就有函谷关的双凤楼图案。

除了上面说的春秋战国时期建关的函谷关，即通称的"秦关"外，还有汉函谷关和魏函谷关。

汉代函谷关在今河南省新安县东500米，西距秦函谷关150公里，是汉武帝时迁徙的。据《灵宝市志》记载，自汉室兴起之后，关中为帝都所在，函谷关以东往往被称为关外。世人都以自己是"关中人"为荣。楼船将军杨仆，原籍函谷关以东的新安县，因"屡有大功，耻为关外民，上书乞徙东关"，而"武帝意亦好广阔"，把函谷关迁建到新安。于是，汉元鼎三年（公元前114年），在新安县城东也修起了一座雄伟的城池，人们称它为汉函谷关。如以这座新关为界，杨仆也就可以自称"关中人"了。汉代之前，函谷关是护卫长安的屏障，但关址迁移以后，函谷关对帝都长安的保卫作用就减小了，转而成为保护洛阳的一道重要关卡。东汉末期黄巾之乱时，汉灵帝就曾设立以函谷都尉为首的八关都尉，以护卫京师洛阳。后来设立的潼关代替函谷关，成为护卫长安的要塞。

魏函谷关位于灵宝市东北20公里处的黄河岸边，距秦函谷关约5公里。相传三国时候，曹操西征张鲁、马超，为了转运兵马粮草，命令大将许褚沿着黄河修建运粮道，开凿隧道，筑起关楼。魏正始元年（公元240

年），弘农太守孟康在运粮道的入口处新建关城，号"大崤关"，又名"金陡关"，后来人称魏函谷关。后来这里成为东达洛阳、西接长安的重要交通干线。抗日战争时，城楼毁于兵火。新中国成立后，由于修建三门峡水电站，魏函谷关遗址为水库淹没，现仅留古道和烽火台遗址。

函谷关是战马嘶鸣的古战场，素有"一夫当关，万夫莫开"之称。著名的"出谷会师""六国伐秦""虢公败戎""西原大战"的战鼓都曾在这里擂响，但进出函谷关的并非只有战争的参与者。士农工商，将士兵卒，还有形形色色的人物经由此关或西进，或东出。

函谷关是我国古代政治、经济、文化发展重地，是古代中原腹地与西北地区文化、经济交流的要地之一。围绕着这座重关名城，流传着"紫气东来""老子过关""鸡鸣狗盗""公孙白马""终军弃繻"等历史故事和传说。

在函谷关，最典型的历史人物是老子。《史记·老子列传》记载："老子修道德，其学以自隐无名为务。居周久之，见周之衰，乃遂去。至关，关令尹喜曰：'子将隐矣，强为我著书。'于是老子乃著书上下篇，言道德之意五千余言而去，莫知所终。"《列仙传》记载："关令尹喜者，周大夫也。善内学，常服精华，隐德修行，时人莫知。老子西游，喜先见其气，知有真人当过，物色而遮之，果得老子。老子亦知其奇，为著书授之。"当时周王室衰微，朝政废弛，老子决定经函谷关到西方隐居。关令尹喜盛情款待了老子，恳请其著书立说，老子接受了尹喜的挽留，并著就了彪炳后世的五千言《道德经》。"紫气东来"的成语正源于此。后人为了纪念此事而修建了瞻紫楼，又名望气台。如今，在函谷关右侧，还有被称作"道家之源"的太初宫。太初宫就是为了纪念老子当年在此著写《道德经》而修建的。所谓"太初"，在道教中是指天地最初形成的元气或最初形成的状态。太初宫为宫殿式古建筑，始建于隋唐，元、明、清代均有修葺。

函谷关与"鸡鸣狗盗"的故事分不开。战国时期有四君子，分别是齐国的孟尝君、楚国的春申君、魏国的信陵君、赵国的平原君。四君子中以孟尝君的名气最大，他喜欢结交各色人等，门下养有食客三千人。据《史记·孟尝君列传》记载：孟尝君曾要去秦国为相，后秦昭王听信谗言，欲杀孟尝君。孟尝君急忙外逃。"孟尝君至关，关法：鸡鸣出客。孟尝君恐追至，客之居下坐者有能为鸡鸣，而鸡尽鸣，遂发传出。出如食顷，秦追果至关，已后孟尝君出，乃还。"按照秦国法律，"鸡鸣开关，日落闭关"，不到日出鸡鸣之时，函谷关的大门是不允许打开的。孟尝君门下的一位食客，跑到高台处学鸡叫，引得关内外的鸡全都叫了起来。守关人员不辨真伪，便开了关门，放孟尝君一行出了关。秦王后来果然反悔，派兵来追孟尝君一行，但是为时已晚。后人根据这个传说在高台上建了鸡鸣台，以示纪念。如唐人宋之问有《过函谷关》一诗云：

> 二百四十载，海内何纷纷。
>
> 六国兵同合，七雄势未分。
>
> 从成拒秦帝，策决问苏君。
>
> 鸡鸣将狗盗，论德不论勋。

古往今来，函谷关都是连通秦、豫的必经之地，很多文人墨客在此留下了名句名篇。从汉代至明、清，流传下来的有关函谷关的诗篇达数百首之多，其中，有唐太宗、唐玄宗、杨贵妃等皇族留下的诗篇；还有李白、杜甫、白居易、刘禹锡、岑参、韩愈、韦应物、元好问、李清照、辛愿等诗文巨匠的杰作。其中，岑参所作《函谷关歌，送刘评事使关西》一诗颇有怀古意味：

君不见函谷关，崩城毁壁至今在。树根草蔓遮古道，空谷千年长不改。

寂寞无人空旧山，圣朝无外不须关。白马公孙何处去，青牛老人更不还。

苍苔白骨空满地，月与古时长相似。野花不省见行人，山鸟何曾识关吏。

故人方乘使者车，吾知郭丹却不如。请君时忆关外客，行到关西多致书。

岑参的诗作于唐玄宗开元年间，那时的岑参尚未入仕，暂居于洛阳，送人往长安（关西）。诗中描写到唐函谷关时，关城已是"崩城毁壁"了，但函谷古道千年要塞的幽险仍可以想象得出。张九龄、杨齐哲等人在诗中也都说到唐时函谷关的废圮而不设防。张九龄的《奉和圣制经函谷关作》写道："函谷虽云险，黄河复已清。圣心无所隔，空此置关域。"如今的函谷关已成为历史遗迹，昔日的金戈铁马，滚滚狼烟都已不见。

(二) 雁门关：北塞重镇　雄瞰九州

雁门，古勾注、西陉之地。

重峦叠嶂，霞举云飞。

两山对峙，其形如门，而蜚（飞）雁出于其间，故名。

（清）顾炎武《天下郡国利病书》

雁门关的由来与变迁

雁门关，在今山西省代县城西北 20 公里的雁门山山腰，是长城要口之一，与宁武关、偏关合称为"三关"。它高踞雁门山上，东西两翼山峦起伏，山脊长城形势蜿蜒，东走平型关、紫荆关、倒马关，直抵幽燕，连接瀚海；西去轩岗口、宁武关、偏头关，至黄河边；人称"天下九塞"之首（语出《舆地记》"天下九塞，雁门关为首"），扼守着山西南北交通的要冲，是塞北高原向华北通道上的重要关隘。乔宇《雁门山记》称：

> 蹑高岭，绝顶四望，则繁峙、五台耸其东，宁武诸山带其西；正阳、石鼓挺其南，朔州马邑，临边之地在其北。

雁门关，又称"雁门塞"，是中国北方最古老的关隘之一。雁门山，在阳高县西北。雁门关，与雁门山相联。雁门关起源很早，中国最早的神话性地理著作之一——《山海经》云："雁门山者，雁飞出其间。"《山海经》又云：碣石之山"又北，水行五百里，至于雁门之山"。晋代大学者郭璞注释曰："在高柳北。"

雁门山，又称"代山"。《水经注》云："其山重峦叠巘，霞举云高，连山隐隐，东出辽塞。"明朝《永乐大典·太原志》称："代山高峻，鸟飞不越，中有一缺，其形如门，鸿雁往来……因以名焉。"《明一统志》称，雁门山"在代州北三十三里，雁出其门，故名。一名雁门塞"。金元间大诗人元好问曾有诗赞其形势："盘盘雁门道，雪涧深以阻。半岭逢驱车，人牛一何苦！"

雁门关，在中国历史地理格局中占有重要地位，是北边蒙古高原南下的重要通道，而在历史时期蒙古人的南下活动，至少影响到半个中国。更有甚者，雁门关的重要性，不仅关乎山西地区的安危，更关乎河北平原乃至重要古代都城之一——北京地区的安全。

在秦汉以前，史书中所记载的雁门关不在今天的位置，而是在今山西省阳高县雁门山的阳和口，也就是古代雁门水的发源地。那里，两侧山峰对峙，中间有狭长孔道，只可容大雁从中飞行，中路盘旋崎岖，附近峰峦错耸，异常险要，为历代戍守的战略要地。

春秋时设勾注塞。秦汉以后，中原王朝为了防御北方少数民族的南下，开始在勾注山一带不断设关置戍，驻兵防守，"雁门关"这一关名才移到今勾注山一带。勾注山，又称勾注陉或陉岭。《河东记》"勾注亦曰陉岭，自雁门以南谓之陉南，以北谓之陉北"。陉是山间的隘口，水到隘口回旋转注，故该山得名为勾注山。勾注山最西端在宁武的分水岭，东面则达繁峙的枚回岭，北及浑源恒山，绵延一百多公里，其间共有十八道隘口，勾注陉在其中最长，也最险，故秦汉以后的雁门关大致设在勾注陉左右。

雁门关地处幽燕入关之要径，又为中原之北门，直接关系到秦晋之安危，历史上在雁门关一带发生的战争共有一千五百多次，其中，载入正史的就有一百多起，雁门关一带可称得上是历史上著名的古战场之一。汉击匈奴，唐防突厥，宋御契丹，明阻瓦剌，因此，很早就有"得雁门而得天下，失雁门而失中原"的说法，从战国时期的匈奴、鲜卑、突厥，到后来的契丹、女真和蒙古，蒙古高原上许多强大的游牧民族都先后与汉王朝进行过战争；历史上李牧、李广、卫青、霍去病、杨业、于谦等数不清的名将曾在此策马扬鞭，挥戈争雄，运筹帷幄，建功立业。

雁门关之称号，起自北魏。《魏书·礼志》称："（泰常四年八月）辛未，（魏太武帝拓跋焘）幸代，至雁门关，望祀恒岳。"这一记载，厘清了雁门关的起源问题。雁门关出现两关的记载，是在唐朝。《新唐书·地理志》记载有云："雁门山有东陉关、西陉关。"唐代时在山巅人称"铁裹门"的地方设立了关门，称为西陉关，也称雁门关。

雁门关，又称为陉岭关。陉岭，又称勾注山。勾注山，其实是一个结构相当复杂的山体群落。名称繁多，而因与史事相联结，载之于史籍，也使其山闻名遐迩，成为文人墨客向往之地。两晋时期的统治者更将勾注陉作为防守要地，在勾注陉的北面竖立石碑，碑文有云："北方之险，有卢龙、飞狐、句注为之首，天下之阻，所以分别内外也。"可见其险固早已著名。勾注陉，就是现在的太和岭中的隘口通道，这些通道主要分两路通过太和岭，一路通过山巅，较为蜿蜒崎岖；一路则通过山涧，相对平夷。

雍正《山西通志》释云："勾注山，在（代）州西北二十五里,一名累头山,一名牛斗山,土人名牛头山。山有七峰,似斗,又名斗山。东有勾注陉,山形勾转,水势注流,故名勾注山。其北名勾注塞,跨朔州南境。山有东、西陉,又名西陉山、东陉山。上有太和崖,一名太和岭,实一山也,下有白龙池,一名神仙隘。"

必须要提到的是,雁门关的防御体系与其在历史上的重要作用。

春秋时期,雁门关是春秋五霸之一晋国的北部边防,后又成为战国七雄之一——赵国的北部要塞,赵肃侯为了巩固北部边防,开始大规模修筑雁门关长城。赵武灵王时期进行军事改革,胡服骑射,击退了林胡、楼烦的入侵,先后建置云中、雁门、代郡。雁门郡的设置成就了后来的雁门关,更成就了很多名留青史的将星帅才。

第一位将自己的名字镌刻在雁门关历史上的大将是赵国的将军李牧。李牧是战国时期守卫雁门关的著名战将。战国后期,赵国早已内忧外患、风雨飘摇,此时蒙古高原上的匈奴已经相当强大,赵国大将李牧多年驻守雁门以防匈奴。司马迁《史记》记载:"李牧者,赵之北边良将也，常居代、雁门备匈奴。"李牧依托雁门关有利地形与匈奴作战，多次大败匈奴。唐代散文作家李华曾就此写道："牧用赵卒，大破林胡。"李牧为人廉洁奉公，"市租皆输入幕府，为士卒费"，因而深得士兵的爱戴。为免除匈奴对赵国边民的袭扰，在战术上，李牧坚持慎重防守的方针，凭长城之险加强战备。他在雁门多年，"习射骑，谨烽火，多间谍"，使匈奴数岁无所得，而赵军则兵强马壮、士气高涨。在对匈奴作战的条件具备以后，他才选用精兵良马，巧设奇阵，"佯北不胜"，诱敌深入，等匈奴大部进入伏击圈后率大军出击，"大破杀匈奴十余万骑。灭襜褴，破东胡，降林胡，单于奔走，其后十余岁，匈奴不敢近赵边城"。长达十余年，匈奴不敢骚扰赵国边境。后人称李牧为"奇才"，今天，雁门关城东门外的"靖边寺"就是后人纪念其戍边保民的战功而修建的，也正是有了李牧在北方抵御匈奴，消除后患，赵国才得以有能力顽强地与强秦相抗衡。后李牧被赵王所杀，赵国军队由此军心涣散，形如散沙。不久，赵国就落入秦军之手。

秦统一六国后，同样是为了抵御匈奴，秦始皇派大将蒙恬率军三十万由雁门出塞，"北击胡，悉收河南之地（即河套地区）"，把匈奴赶到阴山以北，并且筑起了万里长城。据传说，蒙恬死后就葬于代县境内。现在附近村庄还有一座蒙恬墓遗址，其断碑尚存，还可看清"秦蒙恬将军墓"以及"清嘉庆"等字样。

汉代是中原农耕文明与北方游牧民族冲突最为激烈的时代，因此汉代的雁门关一带始终笼罩在战争的烽烟中。汉朝名将卫青、霍去病、李广等都曾驰骋在雁门古塞内外，多次大败匈奴，立下汗马功劳。经过多年精心准备，武帝于元光六年（公元前129年）派大将李广、卫青、霍去病各率骑兵一万至数万出雁门关北击匈奴，除李广兵败外，其他各路都大获全胜。卫青、霍去病等在雁门关前慨然出征，而后高歌凯旋。汉武帝元朔元年（公元前128年），车骑将军卫青率三万精骑出雁门关，杀敌数千人。匈奴在之后的三年内疯狂报复，屡次侵犯，杀辽西太守和代郡太守，夺雁门关，大肆掠杀汉朝边民。武帝元朔五年（公元前124年），卫青再率三万骑出雁门关，大败匈奴，得匈奴贵族首领右贤王；元狩四年（公元前119年），骠骑将军霍去病率五万骑出代郡，又大破匈奴。李广，人称"猿臂将军"，在代郡、雁门、云中都当过太守，先后与匈奴交战数十次，被匈奴称为"飞将军"。正是由于汉武帝时期，汉朝军队抵住了匈奴的南犯，中原先进的经济、文化才得以保护，进而换来边境的相对和睦。

西晋末年的中原地区动荡不安，北方的鲜卑族拓跋氏乘机率部南徙，到达雁门，雁门山成为拓跋魏与西晋的边界。南北朝时期西陉关为"北庭三关"之一，屡次发生战争。公元396年，北魏拓跋珪乘后燕国内大乱之际，以大军南下中原，很快拿下雁门关。被打开了北大门的后燕全线溃败，北魏很快统一北中国。

隋唐时期，雁门古塞之地，同时是南北相争的战场，群雄逐鹿，战事连绵。唐末，沙陀（西突厥的一支）贵族李克用攻克雁门关，奠定了后唐的基业。唐末五代，契丹（辽国）崛起于北方，后晋石敬瑭，割让燕云十六州，从此，雁门山就成为后晋和契丹的分界线，雁门关也成为中原王朝与少数民族政权对峙的前沿阵地。

到了北宋,雁门关的战事更为频繁。雁门关,是北宋之北大门,北宋时期与辽兵频繁作战,雁门关成为北宋北部边防重镇。薛居正曾言:"太原,自古难克之国。周世宗之伐,至于老师。太祖破北敌于雁门关,尽驱其人民居虎牢关以西……"[1] 历史上著名的杨家将长期率兵驻守在此,统领勾注山十八隘口的堡寨之兵,保卫北宋王朝的北大门。

当时雁门山与恒山一带是宋与辽的分界,雁门关附近成为宋辽(契丹)激烈争夺的战场。两国之间的战争是生死存亡之战,战争很激烈,也极艰苦。陆游曾有诗《小出塞曲》云:"全师出雁塞,百战运龙韬""度沙风破肉,攻垒雪平壕。"著名将领杨业(又称杨继业)及其他杨家将士大显身手,为国立功主要就在雁门关内。杨家将镇守雁门关,对遏止辽军从幽州南下取宋,起到关键作用。杨业,原名重贵,祖籍麟州新秦人,今陕西神木

---

[1]《三朝北盟会编》卷三八。

人。其父杨信为北汉麟州刺史。杨业少年时便"倜傥任侠，善骑射……尝谓其徒曰：'我他日为将用兵，亦犹用鹰犬逐雉兔尔'"。青年时为北汉刘崇所用，赐名刘继业，以骁勇善战闻名于军中，人称"无敌将军"，官至建雄军节度使。宋太宗时复其杨姓，授大将军之职，长期驻守代州。杨门一家在雁门关与辽军长期对峙，多次取得胜利，使辽军不得南下侵宋。

明代，雁门关的地位提升到一个新的高度。雁门关与宁武关、偏关合称"三关"。宁武关为晋北古楼烦（古部落名）地。战国时，赵武灵王曾在此置楼烦关，以防匈奴。唐末置宁武军，明代复置关，即称宁武关。或说其地有旧宁文堡，取文武对应之义，因有此称。明景泰元年（公元1450年）筑关城，以后续有修葺，为明代内长城的"外三关"之一。明代内长城分为三路，雁门关为东路，偏头关为西路，宁武关为中路。宁武关是三关镇守总兵驻所所在地，素有"北屏大同，南扼太原，西应偏关，东援雁门"的战略作用。故《边防考》一书说："以重兵驻此，东可以卫雁门，西可以援偏老，北可以应云朔，盖地利得也。"

偏头关是明代"外三关"中最西面的一关，又有"外关"之称。早在五代北汉时设置偏头寨，宋代因之，元时升为关。明时太原镇治所在即是现在的偏关。偏关，秦汉属雁门，隋属马邑，唐置唐隆镇，名将尉迟敬德在关东建九龙寺。现在的关城是明洪武年间改筑的，清改置为县，属宁武府，下辖边墙四道。《偏关志》称："宣大以蔽京师，偏头以蔽全晋。"

明代时，王朝疆域向北扩展，建立了外长城，汉唐时代的雁门关旧关废弃，新关城是"内三关"之一。这一时期雁门关经受的战争已没有前代频繁。明崇祯十七年（公元1644年），李自成率农民起义军主力夺得代郡，又攻雁门关，明雁门总兵周遇吉战死。到了清代，雁门关完全从边疆变成了腹地，战火渐息。

由于雁门关的地理环境及其战略地位，在这一带进行的战争大部分为防御战，历代作战时很少有人敢深入塞外蒙古高原，以防陷入军事上的不利地位。既然有防御，就应有一套防御体系，因此雁门关并非单一的关隘，而是由"双关、四口、十八隘"、"三十九堡十二连城"和长城共同构成的军事防御体系。"双关"是说雁门东陉关、西陉关形成的共同组织。

西陉关，即古雁门关；东陉关，即明雁门关。双关并存，互相倚防。宋代以前是以西陉关作为主防，东陉关做倚防的；而宋代以后，尤其是明代迁移新址后，则以东陉关为主防，西陉关为倚防。"四口"指的是连接东陉关的南口和广武口，连接西陉关的太和岭口和白草口，这是逾越雁门天险的两条战略通道。"十八隘"即雁门关两边的十八个险要隘口。两关四口十八隘之间有长城相连，长城向外延伸可与外长城连接。"三十九堡"与"十二连城"是明朝军事家们为了加强雁门关的防御纵深而修建的。"三十九堡"是雁门关下代州境内的三十九座城堡，而所谓"十二连城"并不是十二座连在一起的城，是明中后期在代州古城周围险要处建起的小城，小城四面又有堡寨环绕，筑有坚固的堡墙，可以在城池被围困时，与周围的堡互相呼应。完成这些设施建设后，雁门关防御体系建设达到了最辉煌的阶段，它堪称中国古代最为庞大、完整、严密、复杂的军事城防体系，是冷兵器时代防御工程的巅峰之作。

雁门关的景观与文化

从古至今，雁门关名称与位置，并不是没有变化的。到明朝，设在铁裹门的关隘因通过山巅，道路崎岖难行被弃而不用。明洪武七年（公元 1374 年），吉安侯陆亨将雁门关址北移数里，建新关于今址，以后新关不断修护，万历年间又复筑门楼。

现今雁门关的规模最终形成于万历三十三年（公元 1605 年）：关城周长十公里，石墙高七米，石座砖身，雉堞为齿，东西绵延 7.5 公里，由三座关门组成，分别为东门、西门和小北门。东门上筑有楼台，曰雁楼，门额嵌石匾一方，横书"天险"二字；东门外北侧有明朝所建靖边寺，修建于明正德十一年，也叫李牧祠，祭祀战国戍守雄关的赵国良将李牧。旧址今尚有碑石数座，其中，明代《武安君庙碑记》载有李牧率兵屡胜匈奴的事迹，碑文中说："今者，守兵为可战矣，独少牧将军耳!"显然是感叹当时的朝廷缺少像李牧这样能够威震边关的良将，并叙述明代战乱时雁门关仍为军事重镇。细细想来，这碑文极具讽刺意味：有明一代，统治者枉杀多少忠臣良将，抵御瓦剌保卫北京城的于谦被杀，镇守山海关的袁崇焕也被杀……一边杀尽身边忠臣良将，一边却自欺欺人地空念着千年之前的名将——岂不知李牧也是因谗言被杀的吗？千年轮回，类似的故事在封建各朝一再上演。这也许是巧合，也许是必然。

代县城在雁门关下，古称"上关城"。据光绪《代州志》载，明洪武六年（公元1373年），吉安侯陆亨与都指挥使王臻大兴土木，在旧城的基础上砌石为基、砌砖为垣，筑城墙高三丈五尺，周长八里，一百八十五步，上垒雉堞。东西稍长，南北略短，呈长方形。东北方为秃角，整座城的形状就如"丑"字。因为丑属牛，故又称"卧牛城"。城开东西南北四门，门额各嵌长方石匾一块，分别刻有"屏藩畿甸"、"车辅晋阳"、"滹沱带绕"

和"广武云屯"的字样。四门之外，又各筑围城，高度与城相平，围城外又筑罗城，高度只有城高的一半，都设有暗门。罗门外还修有护城河，环城带绕。四门、四围城以及四城角各建有敌楼一座，共十二座，以防卫敌兵。敌楼为五楹二层三檐，高六丈有余，为砖木结构。罗城以外东、西、北各建有关城一座。

在雁门关南代县城内的边靖楼，人称"雁门第一楼"，它正对雁门关，因为是拱卫这关的首座高楼，因而有此名称。它是我国目前最大的一座木结构古楼，与雁门关同为明初建造，成化七年（公元1471年）毁于火灾，成化十二年重建。清代康熙及以后续有维修。楼通高40米，宽7间，深5间，周有围廊。楼底下为券洞台基，上为三层四檐歇山顶，最上层挂着两块巨匾，南面一块书《声闻四达》，是雍正十一年，雁平兵备道唐豫诚所立，匾高3米，长8米，据称是"亚洲第一巨匾"。

明代以后，雁门关城虽不断重建，但随着中国多民族统一国家的逐步形成，特别是清朝我国广大疆域的最终确定，内长城作为"内边"的军事作用已经失去，所属雁门雄关也就自然失去了往日的战略地位。

关于雁门，历代文人墨客已留下了太多文字。唐李贺的《雁门太守行》一诗，令人豪气顿生且情不自禁地击节而歌：

> 黑云压城城欲摧，甲光向日金鳞开。
> 角声满天秋色里，塞上燕脂凝夜紫。
> 半卷红旗临易水，霜重鼓寒声不起。
> 报君黄金台上意，提携玉龙为君死。

"笳喧雁门北，阵翼龙城南，雕弓夜宛转，铁骑晓骖驔"，则是唐朝诗人卢照邻对边关将士枕戈待旦景象的生动描述。

清朝的冯云骧诗云："塞星荒苔照古水，夜看烽火两山起，雁门太守倚高台，黑云黄云天际来，锦衣战士闻击鼓，手挽雕弓气如虎。"一幅代州古战场的景象早已跃然纸上。

古人文学作品中的雁门关，除了壮怀激烈，还有另外一个形象——塞外的悲伤。南朝时江淹说"远与君别者，乃至雁门关"；北朝时庾信说"南思洞庭水，北想雁门关"。即使到了疆域广大的唐朝，在诗人的笔下，也会感叹"雁门关外绝人家"。在这些诗词里，雁门关似乎与"天涯"更相近，少了刚烈，多了乡愁。

> 南思洞庭水，北想雁门关。
> 稻粱俱可恋，飞去复飞还。
>
> （庾信《咏雁》）
>
> 远与君别者，乃至雁门关。
> 黄云蔽千里，游子何时还。
> 送君如昨日，檐前露已团。
> 不惜蕙草晚，所悲道里寒。
> 君在天一涯，妾心久别离。
> 愿一见颜色，不异琼树枝。
> 菟丝及水萍，所寄终不移。
>
> （江淹《别离》）

迎风站在雁门山上，放眼远望，没有雁阵飞过，只看到眼前沧桑的风景。也许，正是因为承载的悲壮远远多于曾有的欢愉，时光荏苒，沉淀千年的雁门关总让人心绪难平。

不过，如果仅仅认为雁门关是历来兵家必争之地，只有战争和硝烟，那也是不完全的。和平时期，雁门关是连接北方游牧民族和关内农耕民族最重要的纽带。商人们来来往往，赋予雁门关"车如流水马如龙"的短暂繁华。一次次的民族交往，无不是由此关出入，再加上中原王朝素来有不会轻启战端的习惯，关内关外的人受惠颇多。

明清时期，走西口是中原人谋求生计的重要途径之一，雁门古道就是通往口外的重要交通线。这条古道历来就是民族融合的见证。据《雁门关志》载：从春秋战国时期开始，猃狁、楼烦、匈奴等少数民族就不惜长途跋涉，翻山越岭，通过雁门关进入内地，与汉族通婚通商结盟。魏晋南北朝时期，匈奴、鲜卑、羯等少数民族，经雁门关，克服高山险阻，实现跟内地的交往，既给中原带来不同的草原文化，同时也充分享受了中原先进的农耕文明。特别是鲜卑族拓跋氏建立北魏，先以平城（今大同市）为都，后又迁都洛阳，使民族交往更加频繁方便。后来隋唐五代时突厥、沙陀等少数民族，宋元时期契丹、女真、蒙古等民族，先后同样经过雁门关进入中原地区，由不断争战到后来"和同为一家"，辉煌的华夏文明就是由这些少数民族同汉民族共同创造的。

可以说，雁门关在民族彼此融合团结的历史上，起到举足轻重的作用。清代，雁门关一带已经完全从边疆变成了腹地，连接贸易往来的功能就更加鲜明地凸显出来。"商埠经济多门路，财源如水流代州。"相传，雁门关下的古代州城里曾经有大小商号三百多个。其商务远涉迪化（乌鲁木齐）、库伦（乌兰巴托）、海拉尔、北京、上海、苏州、成都等大中城市，而商号的流通都是从雁门关走向外地的。

雁门关，可以说是上天造就的一道天然屏障，在特定的历史时期，它担负起特殊的历史使命，这一切决定了雁门关在中国历史上的特殊地位，也决定了它特有的文化、经济和风土人情。今天，雁门关外的朔风依旧苍凉，人文也依旧厚重古朴。古老雁门关的震撼，雁门关下代县现有的丰富的文物遗存，诗人咏赋的古代州的自然风光和人文景致等，体现出雁门关文化的独有韵味和深厚内涵，构成了一幅恢弘的人文画卷。

（三）玉门关：丝路咽喉 西域门户

黄河远上白云间，一片孤城万仞山。

羌笛何须怨杨柳，春风不度玉门关。

(唐) 王之涣《凉州词》

玉门关的由来与变迁

在中国历代王朝所修建的边防线上，一座座关隘历经千年而不衰，充满诗意与苍凉，积聚了千年的梦想，见证了千年的沧桑，在这样的关口中，玉门关无疑是其中尤为令人瞩目的一座。唐代诗人王之涣的这首《凉州词》，就用悲壮苍凉的情绪，引发后世对玉门关——这座古老而富有传奇色彩的关塞的无限向往。

谈到玉门关的出现，就有必要谈到秦汉时期西北地区的军事地理形势。秦汉以来，雄踞北方蒙古草原上的匈奴部落联盟成为中原王朝的巨大威胁。当时，匈奴势力强盛，控制地域十分广袤，不仅占据了内外蒙古草原，而且还控制了西北地区。西汉初年，匈奴入侵河西，两次挫败大月氏，迫使大月氏人西迁到锡尔河、阿姆河流域。整个河西走廊成为匈奴人的领地。此时，匈奴人"控弦之士三十余万"，对汉王朝构成了严重的威胁，并以河西为基地，屡屡侵犯汉朝边境。汉王朝立国之初，国情未稳，迫于形势对匈奴采取和亲政策以换取暂时的安宁。

汉武帝派遣张骞两次出使西域，之后汉王朝三次大规模出击匈奴，廓清了西部边境的军事威胁，开通丝绸之路。汉武帝继位后，对匈奴采取加强防御、主动进攻兼用的战略。建元二年（公元前139年），武帝首次派遣张骞出使西域，联络大月氏、乌孙共同夹击匈奴。

汉元狩四年（公元前119年），张骞第二次出使西域，到达乌孙、大宛、康居、大月氏、大夏等国，于元鼎元年（公元前116年）回国。张骞"所遣副使通大夏之属者，皆颇与其人俱来。于是，西北诸国始通于汉矣"（《汉书·张骞传》）。随着"西北诸国始通于汉"形势的出现，汉朝与西域各国的交流逐渐频繁。为适应这一加强趋势的需要，在西北边境设置出入国境的关卡便势在必行了。

在派张骞出使西域，连通各国的同时，汉对匈奴进行的一系列军事作战也取得重大胜利。为彻底断绝匈奴与西羌的联系，保护边关和丝绸之路的安全，汉武帝于元狩二年（公元前121年），分河西为酒泉郡和武威郡。同时采取设防、屯垦、移民等措施，不断加强河西建设。汉元鼎六年（公元前111年），又增设敦煌、张掖两郡。还从令居（今永登）经敦煌直至盐泽（今罗布泊）修筑长城和烽燧，并设置阳关、玉门关，这就是历史上的"列四郡，据两关"，从而保证了丝绸之路的畅通。从此，中国的丝绸以及先进技术能够源源不断地传播到中亚、西亚和欧洲；欧洲、地中海沿岸和西域的玉器、玛瑙、奇禽异兽、农作物等也能够长途转运到中原。各国使臣、将士、商贾、僧侣往来都要经过丝路要道阳关、玉门关，此两关成为中西交通的"咽喉锁钥"。

汉王朝在河西修建了完备的军事防御工程——长城。在长城的护卫下，敦煌以至河西走廊才免于遭受匈奴和羌人的袭扰。以敦煌为"后勤中心"，以从玉门关到罗布泊的烽燧防御警戒系统为依托，西汉王朝完全控制了天山以南、昆仑山之北的塔里木盆地以及西域其他地区。

"玉门"一词，首次出现是在《史记·大宛列传》中：将军王恢率七百人攻降楼兰后，"于是酒泉列亭鄣至玉门矣"。当时为汉武帝元封年间（公元前108年），其时玉门尚为"亭鄣"。在此之前的玉门设置，正史无考。《史记·大宛列传》还记载，公元前102年，贰师将军李广利首伐大宛失败，李广利率军"还至敦煌，士不过什一二。使使上书言：'道远多乏食，且士卒不患战，患饥。人少，不足以拔宛。愿且罢兵，益发而复往。'天子闻之，大怒，而使使遮玉门，曰：'军有敢入者辄斩之!'贰师恐,因留敦煌"。在《汉书·张骞李广利传》中关于此事也有记载:"天子闻之,大怒,使使遮玉门关,曰:'军有敢入,斩之。'贰师恐,因留屯敦煌。"从这样的记载中,我们可以看出,玉门关既是中原地区通往"西域"的门户,也是中原王朝维护西北地区稳定的重镇。

玉门关的设立,始自西汉武帝时,距今已有两千多年的历史。而玉门关之所以在中国历史上享有盛名,与西域历史有关,更与中西文化交流史有关。

玉门关为何要叫"玉门关"?比较普遍的说法认为,"玉门关"是因为西域美玉由此关输入中国而得名。1979年以及之前旧版的《辞海》中,关于玉门关的注释云"玉门关,汉武帝置,因西域输入玉石取道于此得名"。在此之前,英籍考古学家斯坦因(Sir Aurel Stein)也说过:"据《汉书》所记的寥寥数行,楼兰一道东边的起点是一座有堡垒的边城,古代中国史书称此为'玉门关'。玉门之得名始于和阗的美玉,和阗玉自古至今是塔里木盆地输入中原的一宗重要货品。"

关于玉门关名称的来历，还有一个有趣的传说。相传丝绸之路畅通之后，西域诸国的商队络绎不绝地由此关进入中原地带，带来大量西域物产。于阗国的特产"和田玉"也源源不断地经此运往内地。于阗国王为换回中原王朝的大批丝绸，派官兵专门押解运送玉石。官兵在经过玉门关时，出现了奇怪的事情——驮运玉石的骆驼一进城就口吐白沫，昏迷不醒。押运官用过各种手段，这种情况并未改善，骆驼仍然生病。正当他束手无策之时，一个赶骆驼的老人告诉他："骆驼入关生病，事出有因。咱们运玉石常年途经此地，却从来没有祭拜过关神。想必是关神生气了，若再不祭祀，恐怕以后骆驼经此地都要生病。"押运官问老人如何才能消病除灾，确保人畜平安。老人说："用上等玉石，在此城关门上镶嵌一圈，这样关楼就有了光彩，关神也就高兴了。"押运官按照老人的建议在关城周围镶嵌玉石，从此，骆驼的灾病果然消除了，押运队伍平安到达长安。这座关城也就因为城门砌了一圈闪光的玉石而被称为玉门关了。

除了玉门关得名于"西域传入美玉"这种说法外，

也有学者认为玉门关得名与美玉并无关系。《玉门关名义新探——金关、玉门二名互匹说》一文中就认为，"玉门关"乃是取古之成词"玉门"作关名，与张掖肩水都尉之"金关"相匹配，分别寓含武拒、仁怀之义，浸透着"天命""王道"的深刻思想。究竟哪种说法更合理，还有待进一步考证。

在长城的保护下，玉门关作为汉代敦煌西北，中原与西域之间交通往来的必经关口，是敦煌这个丝绸之路总枢纽的重要开关。军事上，它是一个坚固的前沿堡垒：元封三年（公元前108年），大将赵破奴率骑出玉门，破车师（古西域国名，今新疆维吾尔自治区吐鲁番西）；西汉太初元年（公元前104年）、太初三年（公元前102年），李广利两度伐大宛（今费尔干纳盆地），均出师玉门；东汉永平十六年（公元73年），窦固攻北匈奴，班超出使西域，都是经由玉门关通往西域的。

丝绸之路，作为东西交通要道，连接亚、欧、非三大洲，东起长安（西安），西达地中海等地区，遥遥数千里。这条路自敦煌以西分为两路，一路出敦煌向西北经玉门关、鄯善北行，叫天山北路；一路出敦煌向西南经阳关、安南坝，沿塔克拉玛干大沙漠南行，叫天山南路。作为丝绸之路枢纽的阳关、玉门关，便自然承担起特别的重任，分别成为古代中原通往西域以至中亚、欧洲等地南、北两路的重要关口，负责征税、缉私，保护来往商旅的安全。既是通往西方的重要关卡，又是西行商旅、文臣武将的重要停息站。中国特有的丝绸、茶叶等物品通过玉门关、阳关，运往西方；西方的音乐、宗教文化以及葡萄、石榴、核桃、苜蓿等也由此传入关内。当时的玉门关，大量商旅穿梭，驼铃叮当，商队络绎不绝，源源不断地流通往来，使玉门关呈现一派繁荣景象。

玉门关，位于西汉王朝的西部边境，是中西交通大道上的重要关卡。设立之后，中原与西域各国经济文化交流日益频繁，玉门关的政治意义以及军事防御作用却逐渐弱化，是中西经济文化交流的重要口岸。玉门关的兴衰，与丝绸之路的发展息息相关，在丝绸之路的黄金时代，玉门关也处于它的繁荣时期。出玉门关，可入丝绸之路的北道，经车师通北庭（今吐鲁番西），向西南通焉耆、乌垒（今轮台东）、龟兹（今库车）、姑墨（今温宿）、疏勒（今喀什），越过帕米尔高原，直达地中海东岸。而丝路的通畅与否又受制于所处的社会经济环境。

西汉时设玉门关为玉门都尉治所，玉门关为玉门都尉属下的玉门候官所领，敦煌设郡前，隶属酒泉郡。西汉末年，王莽篡位，不久后丝路中断，玉门关封闭。

东汉初期忙于解决国内矛盾，"未遑外事"，没有力量分身兼管西域之事。建武二十二年（公元46年），"诏罢诸边郡亭候吏卒"（《后汉书·光武帝纪》）。敦煌郡边塞的宜禾、中部、玉门、阳关四都尉皆于此时奉诏而罢。但期间玉门关作为通往西域的关卡，仍然发挥监督出入的作用。直到建武二十七年，朗陵侯臧宫与杨虚侯马武上书请伐北匈奴，光武帝没有同意："今国无善政，灾变不息，百姓惊惶，人不自保，而复欲远事边外乎？"遂"闭玉门以谢西域之质，卑词币以礼匈奴之使"（《后汉书·臧宫传》）。自西汉武帝以来历经百余年的古玉门关，在东汉建武二十七年（公元51年）被罢。

东汉的玉门关已降为玉门障尉所辖。西晋覆灭后，晋室南迁，建立东晋政权。广大北方地区出现了"五胡""十六国"的混战割据局面。魏晋时期，河西地区先后建立了前凉、后凉、南凉、西凉、北凉等封建政权。前凉、西凉、北凉等政权统治河西地区时，都十分注重谨修内政，安民保境，与民轻徭薄赋，劝课农桑，崇尚儒学，兴办教育，这使河西地区社会安定、经济繁荣、文化昌盛。

隋朝结束了西晋以来三百余年的分裂局面，重新统一中国。隋文帝收复河西，相继击退突厥、吐谷浑的侵扰，保证了丝绸之路的畅通。大业初年，吏部侍郎裴矩奉隋炀帝之命到张掖、敦煌一带，了解丝绸之路以及中西通商贸易情况。隋炀帝还于大业五年（公元609年）亲自西巡，并在张掖举办了西域二十七国贸易交流大会，其规模极为盛大。

隋唐之际，通往西域的伊吾大道开辟（今安西县到哈密市）。这条新开辟的西去之路与原丝绸之路相比堪称捷径，玉门关东迁，旧玉门关逐渐衰败，关口坍塌，城郭失修。昔日商队、使者络绎往来的繁荣景象在旧玉门关已不可见，后仅存古城遗迹，于是乎"春风不度玉门关"。

唐朝时在河西设肃、瓜、沙三州，河西全部归属于唐。贞观十四年（公元640年），唐太宗李世民大败以西突厥为主的侵扰，确保丝绸之路再次畅通。丝路的畅通促进了河西经济文化的高度繁荣。贞观年间，唐玄奘到印度取经，取道玉门关，后经敦煌回到长安。

唐代时河西西南部的吐蕃王朝日益强盛，在"安史之乱"后乘唐王朝虚弱之机进攻河西，攻陷了凉州、甘州、肃州等地，并在此后统治全部河西长达七十多年。11世纪初，西北地区的党项族开始兴起，后称霸河西，1038年建立西夏王朝，形成了宋、辽、西夏三足鼎立的局面。西夏在统治敦煌的一百多年间非常重视经济发展，这一地区保持着汉代以来的"民物富庶，与中原不殊"的局面。

公元1206年，元太祖铁木真（成吉思汗）统一漠北各部。1227年，蒙古灭西夏，河西地区归元朝所有。此后，元朝远征西方，必经敦煌，这一地区呈现出经济文化十分繁荣的景象，同时和西域的贸易更加频繁。著名旅行家意大利人马可·波罗就是这一时期途经敦煌漫游到中原各地的。元朝以后，丝路逐渐断绝，加上海上丝路的兴起、兴盛，千里河西逐渐失去了昔日的光彩。

玉门关和西南的阳关，同为丝绸之路必经的关隘：出玉门关的为北道，出阳关的为南道。六朝时自今安西通哈密一道日益重要，关址东迁至今安西双塔堡附近。宋以后，因中国和西方的陆路交通逐渐衰落，关墟遂圮。

朱元璋建立明朝以后，为扫除蒙古残部，派冯胜率兵三路平定河西获胜，并修筑了嘉峪关、明长城，重修肃州城，设置关西七卫。1405年，敦煌设沙州卫。后明王朝又在沙州设置罕东左卫。1516年，敦煌被吐鲁番占领。1524年，明王朝下令闭锁嘉峪关，将关西平民迁徙关内，废瓜、沙二州。此后两百年，敦煌渐成荒漠之地，"风摇柽柳空千里，月照流沙别一天"，玉门关更加荒废。

明清以后，玉门关和阳关合称"两关遗迹"，为敦煌八景之一。清康熙后期，清王朝渐次收复了嘉峪关外的地区。雍正三年（公元1725年），在敦煌建立沙州卫，并开始从甘肃各地移民2400户到敦煌垦荒定居，同时又迁吐鲁番、罗布泊大批兵民于沙州一带。雍正后期，沙州农业很快恢复，形成河西走廊西部的戈壁绿洲。1987年经国务院批准撤县设立敦煌市。

1986年，敦煌被国务院命名为"中国历史文化名城"。

玉门关的景观与文化

关于玉门关之事迹，《十三州志》曰："玉门县（汉）置长三百里，石门周匝山间，才经二十里，众泉北流入延兴海。汉罢玉门关屯（戍），徙其人于此，故曰玉门县。"《汉书·地理志》"龙勒"下载："有阳关、玉门关，皆都尉治。"

中国汉代长城关隘及障塞烽燧（烽火台）遗址位于甘肃省敦煌市北境。据史籍记载，汉武帝为联络西域各国抗击匈奴，隔绝其与羌、胡的联系，开辟连结东、西交通的丝绸之路，不仅在河西"列四郡，据两关"，还分段修筑障塞烽燧。元鼎六年（公元前111年），由令居筑塞至酒泉（令居即今甘肃省永登县，酒泉即今甘肃省酒泉市）；元封四年（公元前107年）又由酒泉筑塞至玉门关。两汉之际王莽之乱时，通往西域的丝路断绝，玉门关关闭，汉塞也随之废弃。东汉初，因为西域大道北移，这里的塞墙没有复建，转而在小方盘城西侧新筑南北向塞墙。新筑塞墙以南还掘壕，壕内铺以细沙，监督以防有越塞者，直至阳关（位于今敦煌西南的南湖乡）。敦煌一带的汉代障塞烽燧，一直沿用至魏晋时期。晋室南渡以后，逐渐废弃。1988年，中华人民共和国国务院公布其为全国重点文物保护单位。

汉代玉门关自汉武帝元封年间设置，到东汉延光年间的两百多年里，是中国汉代长城西端的重要关口，更是古代内地通往西域的门户。自魏晋南北朝以来，战争频繁，丝绸之路渐衰，玉门关随之废弃。到唐代，通西域往往走新北路即经安西通哈密一道。此后，汉代玉门关渐渐湮没，现今这座著名古关确切所在便不为世人所知。玉门关的故址究竟在哪里？现今最通行的说法认为：

其故址在今甘肃省敦煌县西北71公里的小方盘城。

小方盘城位于敦煌西北,是一座四方形小城堡。它坐落在疏勒河下游南岸一片东西走向戈壁滩中的砂石岗上,北距汉塞墙3公里。南边为盐碱沼泽地,北边距哈拉湖不远,再以北就是长城,长城北是疏勒河故道。东西走向的长城每隔五里或十里就筑有一座方形烽火台,周围还有房屋遗迹。在东西长城之南,还有一支南北走向的长城,绕过玉门关西侧向南直达阳关,关城北坡东西走向的车道直通西域。

小方盘城附近的长城和烽燧,是我国汉长城中保存最好的一段。巴黎所藏敦煌莫高窟藏经洞出的唐代写本《沙州都督府图经》记载:玉门关"周回一百二十步,高三丈"。后晋开运二年(公元945年)写本《寿昌县地境》载:玉门关在寿昌北一百六十里,其方位约在今敦煌县西北。清道光《敦煌县志》在敦煌西北的小方盘城下明注"汉玉门关"。

1979年,甘肃省博物馆文物队和敦煌县文化馆组成的汉长城调查组在完成敦煌县境内71座峰燧遗址的调查之后，对小方盘城西11公里的马圈湾烽燧遗址进行了科学发掘。考察人员根据新发现的资料，结合长城考察的情况和陈梦家先生"玉门关不在小方盘城"的推断，进一步提出玉门关应设在马圈湾西侧。

玉门关是西汉时通往西域的交通门户之一，亦是汉代长城上最重要的关隘。"丝绸之路"的南路和北路皆必经此关，对中外交通、文化、经济交流都起过极其重要的作用。古往今来，诗人们为玉门关写下众多诗句，使玉门关声名远扬。但是历史学家经过考证，证实诗人们所吟诵的玉门关，不是汉代玉门关，而是唐代玉门关。唐诗中吟诵玉门关的诗作很多，为后人留下了不少名句。

李白《关山月》诗云："长风几万里，吹度玉门关。"

王之涣《凉州词》诗云："羌笛何须怨杨柳？春风不度玉门关。"

岑参《玉门关盖将军歌》诗云："玉门关城迥且孤，黄沙万里百草枯。"

骆宾王《在军中赠先还知己》诗云："魂迷金阙路，望断玉门关。"

王昌龄《从军行（之四）》诗云："青海长云暗雪山，孤城遥望玉门关。"

"玉门关"在文学作品中与乡愁联系在一起，大抵源于汉代。《后汉书·班超传》载班超上疏曰："（臣）不敢望到酒泉郡，但愿生入玉门关。"唐人边塞诗中用"玉门关"者，其义多从此出。

唐朝的玉门关在何处？据考证，唐时的玉门关已由敦煌故址移设到晋昌城（今甘肃省安西县），具体关址无考。有人根据"青海长云暗雪山，孤城遥望玉门关"，认为安西县境东南的锁阳城可能就是唐朝的玉门关。也有人根据唐玄奘取经西去时的路线和当时丝绸之路的状况，认为唐玉门关关址现已掩埋在如今安西县东的双塔堡水库中。

大约在南北朝，玉门关东移。唐初，如前段所述，玄奘西去印度，取道河西走廊，曾途经当时的玉门关。慧立等所著《大慈恩寺三藏法师传》中说，玉门关在瓜州以北五十多里。唐瓜州故址在今安西县南锁阳城。据此推断，唐代玉门关当在今安西县内，但现今已无遗迹可寻。慧立作为玄奘的弟子,曾参加玄奘主持的译经工作近二十年,因此,他的记载应当是可信的。北宋初时,一批僧人从陆路赴印度,曾留下一份记录沿途行程的《西天路竟》。据这部书记载,河西走廊这一段从东向西所经路程依次是:肃州、玉门关、瓜州、沙州。肃州就是现在的酒泉,沙州即今敦煌。由此可见,宋初的玉门关仍在酒泉以西、敦煌以东,与唐代僧人记载是吻合的。

历史过程中,玉门关关址的迁移,取决于其所处的自然、军事或社会环境,但玉门关的雄姿傲立千年。它不仅是守卫中原王朝的坚强前哨,更是促进中西经济文化交流,促进民族融合的重要枢纽。从这个意义上讲,尽管玉门关残存的遗迹是黄土筑就,但在群星璀璨的史册中,它却如珠玉般灿烂生辉。

阳关是和玉门关齐名的西汉两关之一,两关之间有古道相连。早在汉武帝时期,张骞两次出使西域都经由此道;公元前105年和公元前100年,汉细君公主、解忧公主和亲乌孙,也是从这条古道西行的;公元1世纪,班超及其同伴也由这条古道西行,班超在西域生活了三十一年，为汉廷鞠躬尽瘁，班超之子班勇后又继承了父亲通西域的事业；公元2世纪，安息王子安世高从这里东去洛阳；三国时期，僧人朱士行从这里西去求法，他是我国第一位西去求法的僧人。

古阳关坐落在南湖绿洲西，寿昌城遗址离此不远。寿昌城汉代叫龙勒县，是敦煌郡所辖六县之一；唐武德二年（公元619年）改名寿昌，隶沙州。寿昌城遗址呈梯形，一头大，一头小，东、西、北三面墙大部分已被黄沙覆盖，南墙已全被埋入沙中。城墙残高4.2米，上宽2米，下厚7米，墙体全部为红胶土夯筑而成。

唐时阳关已饱受风沙侵蚀，以后西北风沙日强，人们不断东迁；宋辽之后人们迁离阳关；元朝之后，阳关渐毁。《旧唐书·地理志》"寿昌县"条目下记载："阳关，在县西六里。玉门关在县西北一百一十八里。"《新唐书·地理志》中云："又一路，自沙州寿昌西十里至阳关故城。"巴黎藏敦煌石室本《沙州图经》残卷记：阳关"在县西十里，今见毁坏，基迹见存"。据这些史料判断，寿昌县这片遗址应当就是古阳关遗址了。

墩墩山顶的烽火台是阳关附近几十座烽燧中最高的一座，保存也最为完整。根据烽燧旁竖立的牌子可知墩墩山烽燧修筑于汉代（约公元前111年—公元前102年）。现存烽燧高约4.7米，上宽南北8米，东西6.8米，底宽南北约8.8米，东西7.5米，古时有"阳关耳目"之称。

阳关和玉门关是古时中国通往西域的两个起点。据史料记载，从西汉开始的千年间，西去的道路主要有两条：出玉门关的为北道，此道经车师前王庭（今吐鲁番西）向西南通焉耆（今焉耆西南）、乌垒（今轮台东）、龟兹（今库车）、姑墨（今温宿）、疏勒（今喀什），越过帕米尔直达地中海；从阳关西行的为南道。南道沿塔克拉玛干南缘，经鄯善（今若羌）、且末（今且末西南）、莎车再向西。公元399年，东晋大和尚法显大致就是沿这条道路西进的。几百年后，著名的意大利旅行家马可·波罗也是由这条路进入我国的。

(四)

剑门关：

巴蜀锁钥　剑指西南

惟天有设险，剑门天下壮。连山抱西南，石角皆北向。
两崖崇墉倚，刻画城郭状。一夫怒临关，百万未可傍。

(唐) 杜甫《剑门》

剑门关的由来与变迁

剑门关，位于今四川省剑阁县北25公里的剑门山中断之处，扼川陕孔道，为古蜀道之要隘。

剑门关在殷商时代已经是中原与蜀国的重要交通孔道之一，同时为当时蜀国防御西羌，抗衡殷商侵扰的要塞，在西南部占有举足轻重的战略地位。殷商时代，巴地与蜀地就和中原地区有所交往。巴人善水，故而巴人走出三峡，或经巴山赴殷；而蜀人则取道剑门入汉中，经历安康抵达中原（当时蜀据有今陕南一带地方）。《元和郡县志》曾经记载："武王伐纣，巴人助焉，蜀亦从行。"武王十二年，巴、蜀班师回国之时，巴军越过巴山，蜀军即取道剑门。

战国后期，秦国日益强大。巴蜀之地沃野千里，物产富饶，秦国垂涎已久。但蜀地有剑门之险，巴中有江河之阻，道路崎岖，运输艰难，征伐很不容易。《本蜀论》记载："秦惠王欲伐蜀而不知道，作五石牛，以金置尾下，言能屎金。蜀王负力，令五丁引之，成道。秦使张仪、司马错寻路灭蜀。"所以，蜀汉之前，此路为石牛道，亦称金牛道。

唐朝陈山甫《五丁力士开蜀门赋》亦载其事云：

在昔褒斜未通，羌僰异域。彼为夷国。物产难究，封疆罕测。秦将欲广其南，冠其北。张仪于是度其势、量其力。假牛之计斯设,馈女之功是克。蜀王乃命力士辟高山,贪功饕餮、忘情险艰。扪峰峦于日侧,扶虺蜮于云间。将以砥崭崒,等跻攀。俄而白日荡摇,玄天忽霍。鬼哭神怨,风号雾廓。怒发森植,雄心震跃。洒珠汗以雹散,瞪星眸而电落。将欲断烟霭,排岩崿,谓巨灵之所拓。蹂重林,回绝壑,疑夏后之所凿。吁!可畏哉。江标峻栈之形,呀然地裂;阙斗高峰之色,騞若天开。已而后患方启,前心莫遂。道路无阻,关梁鲜备。五丁死而蛮党移,一径通而秦人至也。

公元前316年,秦国派遣司马错、张仪,取石牛道攻蜀。秦军大破蜀军于葭萌(今剑门东北昭化广元一带),顺利通过剑门关,至彭山,追杀蜀王父子,直抵成都,蜀国覆灭。蜀王被贬为侯,陈壮为蜀相。同年,秦灭苴(嘉陵江中游一带),克巴(嘉陵江下游重庆北岸)。至此,巴、蜀领地全归秦国统治。公元前314年,秦封蜀公子为蜀侯,存其国号,夺其实权,并以张若为蜀太守。公元前311年，陈壮与蜀侯不和，陈壮杀蜀侯而自立，北控剑门以拒秦。公元前310年，秦国派大军再次伐蜀，破剑门逼成都杀蜀主陈壮。秦军走石牛道伐蜀，破剑门关而巴、蜀灭亡，此乃历史上第一次大军正面破关的记载。

三国时期，"诸葛亮相蜀，凿石架空，始为飞阁，以通行道"。《舆地广记》于此记曰："石牛道者，山有小石门，穿山通道六丈馀。汉永平中，司隶杨厥又凿而广之。诸葛孔明以大剑至此，有隘束之称，乃立剑门县。复于阁道置尉以守之。"立石门以拒魏，架飞梁阁道以运兵。颜师古曰："栈即阁也。""阁道"亦即"栈道"，悬崖凿空，入木为梁，上覆以板，下支以木，即通行旅，为防山石坠落伤人，顶覆木篷。进可以攻，退可以守，为绝险之道。远望，如空中楼阁。"阁道"之兴，始有"剑阁"之名。蜀汉建兴五年，诸葛亮率领大军出剑门关进驻汉中，向后主刘禅上表，请伐中原。第二年，诸葛亮从汉中誓师，首次出兵祁山，智收魏天水参军姜维。后来因街亭失守，前线重点战略要冲沦陷，进无把控，诸葛亮退回汉中,挥泪斩马谡。

建兴九年,诸葛亮第二次出兵祁山,用木牛向前线运输粮秣军需,大举伐魏。过剑阁,出陈仓,由散关进斜谷,与魏军数战皆捷。魏将司马懿乃派兵袭剑阁,拟截断蜀军退路,断其粮草。诸葛亮识破魏军的企图,派一万名弓弩手埋伏在剑阁木门道。魏将张郃到此,山上火光冲天,大石、乱柴滚将下来。张郃始知中计,急回撤退之时,归路已断。剑阁道两旁,峭壁林立,魏军进退无路,张郃并百余部将,皆死于剑阁道旁。蜀军虽然取得了一系列胜利,但最后因运输艰难、粮秣不济而退兵。后来,诸葛亮总结了前几次伐魏粮尽退兵的教训,深深地意识到,在汉中平原作战,以成都平原的粮秣作后继,节节运往前线,旷日持久,缓不济急,因而粮秣、交通运输是伐魏的重要因素。所以,他主张积极发展生产,劝农讲武习文,并大量制作木牛、流马,运送米、麦囤聚剑门关,转运汉中和斜谷口,准备长期伐魏。他把剑门关作为蜀北大门,立关戍守。同时派人在大、小剑山之间修筑三十里栈阁,以利于行军和囤聚粮草。

建兴十二年，诸葛亮从成都出剑门还汉中，齐集三军出斜谷伐魏。大军至湄，兵屯五丈原，分兵屯田。魏军坚筑营垒，不与蜀军交锋。客主之势有利于魏，不利于蜀。是年六月，诸葛亮死于帐中。

剑门山即大剑山，古称梁山。山脉东西横亘百余公里，七十二峰绵延起伏，形若利剑，高耸入云。峭壁中断处，两峰对峙，如剑倚天，其状若"门"，故名剑门。有诗云"两崖对峙倚霄汉，昂首只见一线天"，此诗句应该是对剑门关雄险之绝好注脚。

晋朝人士张载曾随父收入蜀，作《剑阁铭》，极言剑门关之险峻，益州刺史张敏见其文，乃表天子刻石于剑阁。其文如下：

> 岩岩梁山，积石峨峨。远属荆衡，近缀岷嶓。南通邛僰，北达褒斜。狭过彭碣，高逾嵩华。惟蜀之门，作固作镇。是曰剑阁，壁立千仞。穷地之险，极路之峻。世浊则逆，道清斯顺。闭由往汉，开自有晋。秦得百二，并吞诸侯，齐得十二，田生献筹。

矧兹狭隘，土之外区，一人荷戟，万夫趑趄。形胜之地，非亲勿居。昔在武侯，中流而喜。山河之固，见屈吴起。洞庭孟门，二国不祀。兴实由德，险亦难恃。自古迄今，天命不易，凭阻作昏，鲜不败绩。公孙既没，刘氏衔璧，覆车之轨，无或重迹。勒铭山阿，敢告梁益。

唐朝"安史之乱"之后，长安危在旦夕，唐明皇仓皇中携爱妃杨玉环、宰相杨国忠并御林军一千余人，避乱入蜀，于公元756年7月抵达蜀地北方屏障剑门关，在此稍作停息。在此期间，唐明皇召集群臣齐聚驿馆，向全国各道发布了总动员令，向安禄山、史思明等叛军开始总反攻，为以后平定叛乱奠定了基础。

此后一年多时间，各路信使自散关到剑门关，络绎不绝。剑门关成为晚唐兵马粮草调遣、圣谕文书传送的重要交通孔道。次年九月，长安收复，肃宗李亨迎接玄宗回京。车驾返京途中经过剑门时，玄宗感叹说："剑阁天险若此，自古及今，败亡相继，岂非在德不在险邪？"

同时亦赋诗一首：

剑阁横云峻，銮舆出猎回。翠屏千仞合，丹嶂五丁开。灌木萦旗转，仙云拂马来。乘时方在德，嗟尔勒铭才。

五代十国时期，剑门关也进行着一系列惨烈的战争。前蜀灭亡后，董璋、孟知祥各据东西川，双方互相猜忌、明争暗斗，都在扩张实力，急欲吞并对方，独霸两川。

后唐天成四年（公元929年），朝廷派安重诲来蜀，要暗中削弱东、西川的势力，分东川果（南充）、阆二州的兵力，组成保宁军。下一步，西川的实力也面临这片被分散的局势。西川节度孟知祥很着急，便派人与东川节度董璋密谋，两川联合起来抗拒朝廷。

后唐天成五年，即长兴元年正月，东川董璋派兵五千，先在剑门关和大剑山沿线要害处，修筑堡垒七寨，五月，寨成。同时，又在大剑山北三十里地的小剑山隘口处置永定关并派兵把守。

后唐朝廷知道东、西川已聚众反叛，后唐明宗李嗣源降旨，遣大将军石敬瑭领军伐蜀。公元930年冬11月，石敬瑭统领大军进讨两川。调王弘贽率军与伐蜀将领王思同、赵在礼等三军四万余人马，攻打剑门关。剑门关东川守将齐彦温，率步、骑兵五千余人拒敌并于各寨和大剑山关口等处，日夜巡逻、严加防范。后唐三路大军，于11月初进入大剑山前沿，兵临关下，连日挑战，关上守军坚守阵地不出关迎战，只等唐兵接近便用滚木礌石以及强弩射击来犯敌军，使石敬瑭统领的攻蜀大军，被阻于剑门关外，无法前进一步。

石敬瑭召集三军商量，留王弘贽部众继续在剑门关外挑战佯攻，暗地由前锋王思同、步兵指挥赵在礼，连夜引军抄小剑山尾，沿嘉陵江西岸河床，越过大剑山，绕入红岩寺、张王庙，进入剑门关南面，奇袭剑门关。十一月十三日，后唐军南北夹击东川，使剑门关守军首尾受敌，一场争夺剑门关的血战展开了。两军你来我往，杀得天昏地暗、鬼哭狼嚎。蜀兵终因寡不敌众，剑门失险，前后被包围。剑门关守将齐彦温被俘，东川蜀兵死伤三千余人，剑门关失守，为后唐军占领。

王弘贽军进入剑门关以后，轻装直趋剑州，与守城蜀兵接触，展开攻城战，王弘贽数战失利，便退回剑门与后唐大军汇合。此时两军对抗，等待战斗。西川孟知祥，为了不使后唐军向东川腹地深入，动摇西川，急遣李肇带兵五千人先行，日夜兼程进据剑州，又令统军赵廷隐领本部人马一万五千人，进屯剑州南沿（即今凉山、柳垭、北庙一线），再令永平节度李筠将兵四千人，紧扼龙州（江油、平武）要害。东川董璋也自阆中亲率大军屯兵木马驿，并令陵州刺史王晖引军三千人与西川军李肇配合，屯军剑州南山待敌。统军赵廷隐在剑州观察地形后，择善射者一千余人埋伏在唐军来路两翼，等待激战。

公元930年12月，石敬瑭率领大军，在剑门整顿、布置以后，浩浩荡荡开赴剑州，屯兵北山（即汉阳山一带）。石敬瑭督军进击蜀军，蜀军统领赵廷隐按甲以待。唐军一到，蜀军便扬旗击鼓伏兵四出，突然使后唐军措手不及，唐军前锋惊慌失措。石敬瑭命骑兵冲击河桥、城堑，又遭西川军李肇强弩排射。客主之势不利于唐军，石敬瑭乃令唐军撤退，东西川合军乘胜追杀唐军至剑门南沿。

后唐长兴二年（公元931年）正月，石敬瑭从剑门引军再攻剑州。与赵廷隐数战失利，天寒地冻，粮草不济，唐军便烧毁营垒，从剑阁退出剑门关北归，蜀军尾随其后追至利州。石敬瑭伐蜀失败，朝野议论，"关山险阻，蜀不可伐"，遂罢兵。

剑门关的景观与文化

至于剑门关之雄险，似乎只有历代发生于此的鏖战，才能诉说穷尽。剑门山，因地质构造奇特，大、小剑山横列向北，东有嘉陵江阻断，西至江油的分水岭。由于峭壁环岩，带状城郭，古称蜀之天然屏障，在这一"屏障"中，仅有5个隘口可通行旅。秦时金牛道，溯大剑溪而上，穿大剑关隘口，成为陇蜀主干道，故而以大剑关之名显于世，随之即习惯称大剑关为剑门关了。但就军事意义而言，剑门关并不仅仅局限于一个关口。剑门七十二峰，绵延百余里，横亘山峦中的5个隘口，均是人们常称的剑门关隘口。历史上，兵家们争占剑门关，只占一两个隘口，并不能说明他已占据了剑门关。比如五代时期，石敬瑭占领了天雄关、白卫岭一带，而董璋、孟知祥在大、小剑山筑起七寨，两家相峙七八年。石敬瑭不得南下，而董璋、孟知祥又不可北上。最后，孟知祥绕道从木马寺、掌天山（今剑阁县长岭乡龙尾山）退成都，建立起后蜀。

剑门关关楼始为三国蜀汉诸葛亮修筑，后因战事连年，屡遭破坏，之后又多次修葺。当世道太平，关门则被忽视；如果干戈声起，朝廷即不惜重金，饬资整修，加固戍守。《剑州志》记载，明正德年间，复修了剑门关楼，时为飞檐三重，甚为雄壮。清朝雍正、乾隆年间亦屡次修复，关楼仍为三层，底层以石条砌成拱形关门。两扇铁皮乳钉大门，门正中，镶嵌"剑阁"二字，上筑垛堞，居高临下，供瞭望射击。向北两边石墙，刻有楹联。古道穿过关门通向峡谷。第二层关楼，高大宽敞，四周通廊，正中悬挂"天下雄关"木匾。顶楼阁檐正中，悬"雄关天堑"匾额。楼阁中空，四面窗棂。关门内置傍壁级道，可登顶阁。

民国初年，时任剑阁县知事张政主持进行了一次大的修整。民国八年，县知事王亮、剑门驿县佐范升东再次进行了培修。当时的关楼为三层木石结构的楼阁，矗立关口，显得分外雄壮。在二十里以外的对面山上，可见灰墙绿瓦，高翘檐牙，隆拱屋脊，楼阁铜铃不时摇响。令人遗憾的是，民国二十四年冬，修筑川陕公路时，却将关楼拆毁，改成通道。

楼塞隘口，底楼南北洞开，实为通道。置有两扇铁皮包裹的大门，铺首含环，乳钉密突。关门，常常是政治气候的预兆——因安而开，因争而闭。

外门中墙，石砌一对大柱。柱上的联语："矗立岗峦，起伏蹲踞如猛虎；迂回栈道，蜿蜒曲折似长蛇。"横额是"剑阁"两个大字。

中楼是箭楼，砌有瞭望台、射击孔。楼间宽敞，可操武练剑。楼阁横梁立柱皆合抱之木，翘檐各抱地势，卷梁勾心斗角。

临北正中，有一道匾，上书四个大字："雄关天堑。"中间两柱楹联写着："崇山有阁千秋画，流水无弦万古琴。"外边两边柱上的楹联写着："道德五指千古秀，蜀山万里剑门雄。"

三楼内间壁头上是清圣祖（康熙）第十七子果亲王胤礼书题诗句："谁携天外芙蓉锷，高插层霄倚太清。阁道摩空星斗近，仙风吹入玉屏行。"此为雍正十二年甲寅秋，果亲王护送入京朝觐的西藏六世达赖喇嘛还西藏，沿途巡视诸省驻防以及兵营，行抵蜀北天险剑门关时所作。

当时果亲王还书写有"第一关"三个大字，其字雄秀飘逸，神韵天成，自辟新境。后人将"第一关"三字镌刻于剑门关内右侧石崖之上，至今犹存。

此外，还有张载的《剑阁铭》、李白的《蜀道难》、柳宗元的《剑门铭》等，真草隶篆，妙笔生辉。乍看如惊蛇出洞，细看好似老蔓缠楹，镌刻工精，陈设雍雅。阁上有楹联："蜀道关头险，剑门天下雄。"唐代文学家柳宗元曾作《剑门铭》：

井络坤垠，时惟外区，界山为门，环以蜀都。……喋血誓士，元机在握。分命貔貅，阵为犄角。右逾岷山，左直剑门，攻出九地，上披重云。攀天蹈空，夷视阻艰。破裂层垒，残歼群顽。内获固围，外临平原。天兵徐驱，卒乘啴啴。大憝囚戮，戎夏咸欢。帝图厥功，惟梁是先。开国进位，南服于藩。邦之清夷，人以完安。铭功鉴乱，永代是观。

现存剑门关关楼，为1992年重建。重建的古关楼，是采用现代信息工程的仿古建筑，模拟古楼的造型，关楼与周围的险山幽壑环境浑然一体，显不出人工新造的痕迹。整栋关楼两层一底，层层错缝修筑，构成四面墙体。墙外用黄泥勾缝，泥中混合草籽，待至山花烂漫时，石墙绿草如茵，旧貌依稀。古墙顶端，南北西方，用仿汉砖砌有楼垛堞，登楼远望，秦岭高山隐约可见。南朝梁陈间人阴铿曾于此作《蜀道难》一首：

王尊奉汉朝，灵关不惮遥。

高岷长有雪，阴栈屡经烧。

轮摧九折路，骑阻七星桥。

蜀道难如此，功名讵可要？

蜀汉末年，蜀国名将姜维曾经驻守剑门关，以拒钟会。结果，蜀军连连败阵，丢关弃城，姜维只得退守剑阁关。钟会领兵攻剑阁，姜维据险力战，魏军攻关不克，只得退兵。怎奈蜀汉已成土崩瓦解之势，姜维孤守关口，又有何用！不久，蜀国即被魏灭，姜维也被杀。虽有险峻天成之地而最终亡国，不禁令人感叹！诗人墨客无不在此嗟叹凭吊。南宋爱国诗人陆游感蜀亡事，赋诗：

自昔英雄有屈信，

危机变化亦逡巡。

阴平穷寇非难御，

如此江山坐付人。

江怀庭亦在《剑门平襄侯祠》中慨叹：

潇潇风雨剑门秋，伯约祠堂亘古留。
生尚设谋诛邓艾，死当为吏杀谯周。
中原有土都归魏，左袒无人复为刘。
斗胆尽储亡国恨，九泉应诉武乡侯。

据记载，钵孟寺后又修建了姜公祠，公祠前后两院，建筑宏伟、古朴典雅。前院塑姜维坐像，名"忠勤祠"。龛前、庭柱、殿首、山门各木刻对联一副。此外，祠内还保留有许多长联，抒表追悔惋惜的情怀。清道光年间，宦游甘肃的知州龙铸山经此拜谒将军，留诗于坐像右墙之上：

剑阁拒贼贼欲走，阴平桥头无人守。
降旗已出成都城，壮士砍石场怒吼。
哀侯悲愤填心胸，恨不早斩权阉首。
劝贼杀贼作大坑，尽屠贼将如屠狗。

若使当年计得逞,日月重明一反手。

汉家四百祚已终,奇谋未能身遭掳。

热血射天天更悉,义胆轮囚大于斗。

千秋夺棘阳儿祠,灵归来兮开笑口。

除却剑门关之险,尚有一奇,即剑门关之形成。其奇特之处在于,剑门山两崖的石壁全系小颗粒卵石凝结而成,此种卵石跟江湖河海里的卵石绝无两样。剑门关海拔一千余米,为什么形成这样的地形地貌?据专家考证,剑门山从古生代至中生代的三叠纪属扬子海盆盆口边缘,是一片大海洋。距今一亿八千万年前,地球发生了一次大的构造运动,距今约七千万年的白垩纪末,又发生了一次大的构造运动,海水溢出盆口,使这里由海洋变成陆地,并且造成多山峰、多沟壑、多洞穴的砾岩山体,世称"剑门有石无土"。构成剑门山数百里陡峭石崖的底部砾岩,受到断裂带活动的强烈影响,便形成了剑门关关隘。

剑门关的雄浑与险峻,让我们领略到了古蜀的沉稳与厚重，而翠云廊则又集秀、奇于一身。翠云廊，亦称"皇柏""张飞柏"，清朝雍正年间，知州乔钵才名之曰"翠云廊"，它是由近万株苍翠的行道古柏组成的绿色长廊。翠云廊以剑阁县城为中心，东至阆中，西至梓潼，北至昭化，绵延三百余里，被称作"三百里长城十万树"。翠云廊宛如绿色巨龙，沿着起伏的山峦，跨越深涧沟壑，蜿蜒曲折，盘在古驿道上。虽然历经千年沧桑，依旧生机盎然，乃世界罕见的古老人工植造的行道树群体，被誉为蜀道灵魂。远望翠云廊，像一条莽莽苍苍的长龙，逶迤于崇山峻岭之间。身临其中，又如一条浓绿欲滴的翡翠画廊，溢彩流辉。

古蜀道像裹着绿色的绒毡，大地因之显得格外秀美，山河因之显得更加壮观。翠云廊雄伟的气势、翠绿的姿态，为历代文人墨客所描绘讴歌。如清代乔钵曾有诗云：

剑门路，崎岖凹凸石头路。两旁古柏植何人？三百长程十万树。翠云廊，苍烟护，苔花荫雨湿衣裳。回柯垂叶凉风度。无石不可眠，处处堪留句。龙蛇蜿蜒山缠互，传是昔年李白夫，奇人怪事教人妒！休称蜀道难，错莫剑门路。

千百年来，翠云廊古柏累受天灾人祸的袭击，而今保存下来的只有古柏九千余株。虽然比原规模小了许多，但气势如故，古貌犹存。加之有成林成片的中、幼柏树群陪衬，使素有"柏木之乡"美称的剑门山区倍添秀色。根据多方考证和大量的史料证明，这些古柏并非一朝一代的产物，自秦代以来，历代均有栽植。

最后一次大规模植柏，是在明朝正德年间（公元1506—1521年）。李璧任剑州知州时曾对南至阆中、西至梓潼、北至昭化的官道进行了整治，并沿路大量种植柏树。因而，同治《剑州志》所载清人乔钵《翠云廊》诗序云："明正德时知州李璧，以石砌路，两旁植柏数十万，今昔合抱，如苍龙蜿蜒，夏不见日。"翠云廊从此形成宏伟的规模。

剑门关，可谓集雄、奇、险、秀于一身，同时犹如一部深邃的历史画卷值得我们细细品味。

五

居庸关：

屏翼冀中　万里固塞

城堞逶迤万柳红，西山岧嵽霁明虹。

云垂大野鹰盘势，地展平原骏走风。

永夜驼铃传塞上，极天树影递关东。

时平堡堠生青草，欲出军都吊鬼雄。

(清) 康有为《过昌平城望居庸关》

居庸关的由来与变迁

"居庸"之名的由来，据元代人记载，在秦始皇时代修筑长城时，迁徙居庸于此而得名。"庸"的本意是强征而来的民夫士卒。其实,"居庸"之名,早在秦始皇统一六国之前就有了。这个名词最早出现在先秦典籍《吕氏春秋》中,《吕氏春秋》成书于战国时期,其《有始览·有始篇》中云:"天有九野,地有九州,土有九山,山有九塞。"那么,何谓九塞?当时认为:"九塞"就有大汾、方城、居庸等。与之相互印证,西汉初年,淮南王刘安所撰《淮南子·墬(地)形训》篇也云:"天下九塞,居庸其一焉。"

当然,"居庸"之名也出现于战国史籍中,而其客观出现的时间则可能更早。有说法认为,"居庸"名字的产生,与这一带历史上繁衍生息的氏族部落,如古代的屠氏部落与山戎族有关。

戎族,又叫山戎,殷周时期被称为"鬼戎""犬戎"。山戎(北戎)是我国春秋时期北方的一支较强大的少数民族。据史书记载,山戎部以"射猎禽兽为生""随畜牧而转移",经常以众侵犯中原,是战国时燕、齐诸国之边患。公元前664年,齐桓公兴兵助燕国攻伐山戎,灭掉令支、孤竹山戎部族,大约战国晚期,山戎逐渐销声匿迹。近年来，在延庆县发现有山戎族墓葬群，可以作为他们曾在这一带活动过的有力证据。诸多部族杂居过程中难免同音异字流传，加上所历年代久远，此地便有了"居庸山"之称。

春秋战国时期，居庸属于燕国。当时，燕国北部与东胡接壤，连年战争不断。燕国利用险要的山川形势设立了"居庸塞"，作为军事攻防上的据点。公元前663年，燕国在齐国的帮助下曾进行"伐山戎之战"，此时居庸塞已是燕国北方要塞。由此可见，"居庸"一词的出现最迟应该在春秋时期，距今至少有两千五百多年了。北京延庆县城西北13公里的复钟山下建有山戎陈列馆，这是国内第一座以古代少数部族文化命名的古墓群现场陈列馆。

在漫长历史时期里，居庸关虽然始终是朝廷兵防重镇，但其在不同的历史时期称谓不同，屡屡易名：秦时称居庸塞；汉称居庸关；三国时称西关；到了晋代，因这一地区划归军都县，此关又称军都关；北齐时改称纳款关；唐时先叫蓟门关，后又改为军都关；到了金代，女真族国语则称居庸关为"查剌合攀",也叫它"冷陉"。以后历经元、明、清,至今便始终称居庸关。

春秋战国时期,燕国就已经控扼居庸,设"居庸塞"用来防备东胡。居庸关设立关城的历史,最早可以追溯到汉代。《后汉书》载:"建武(汉武帝年号)十五年徙雁门、代、上谷三郡民,置常山居庸关以东。""元初(汉安帝年号)五年,鲜卑入上谷,攻居庸关。"1971年,内蒙古和林格尔东汉墓发现《居庸关图》壁画,画中不但有关城,而且还有舟渡,水门下题"居庸关"三字。可见汉朝时,居庸关城当已具备一定的规模。南北朝时,居庸关关城建设又与长城连在了一起。拓跋、鲜卑南入中原之初,以平城(今山西大同市)为都。据《魏书·世祖记》记载,为加强都城安全,北魏太武帝于太平真君七年(公元446年)六月,"发司、幽、定、冀四州十万人,筑畿上塞围,起于上谷(今河北昌平县西北部和延庆县大部分地区),西至于河,广袤皆千里"。又据《资治通鉴》(一百六十六卷)记载,到了北齐天保六年(公元555年)六月,文宣帝又"发夫一百八十万筑长城，自幽州夏口（今关沟南口）至恒州（今山西大同市）九百里"，从居庸关往东把长城修到山海关，这座长城长九百里。自此，居庸关与长城连接，成为万里长城上的一处重要关口。如《水经注》记载："关在沮阳城东南六十里居庸界，故关名也。"北魏时的关城曾用石块修建，以后，历经唐、辽、金、元、明数朝，居庸峡谷都有关城之建。

对居庸关形势的险要，古人有很清楚的认识。《水经注》载："关在沮阳城东南六十里居庸界……南则绝谷，累石为关垣，崇墉峻壁，非轻功可举，山岫层深，侧道褊狭，林鄣邃险，路才容轨。"宋代学者程大昌在《北边备对》中说："居庸关，太行山最北之第八陉，东西横亘五十里，中间通行之地才阔五步。"元代学者王中军在《中堂纪事》中写道："两山翼绝，中若铁峡，控扼南北，是为古今巨防。"清代雍正《畿辅通志》中对居庸关的描述也提到其"险"："关门南北相距四十里，两山夹峙，下有巨涧，悬崖峭壁，称为绝险。"清朝文人笔记中，曾记载居庸关关楼上题有"天下第一雄关"的匾额。

居庸关作为关塞，历代统治者对其相当重视。这其中固然出于军事上的考虑，但除此之外还有经济、文化乃至政治的因素。我国自古即为多民族国家，经济文化的交流是促进国家繁荣统一方略之一，历代统治者也都意识到这一点。居庸关地处控扼南北的交通要道，在历史上虽饱经战火，但其在经济文化交流上也发挥着重要的作用。1971年，在内蒙古和林格尔发现的一座东汉墓中，有一幅《使君从繁阳迁度关时》的壁画，生动描绘了当时居庸关车马往来的繁华情景，足以说明，居庸关在两千余年前就已是沟通长城内外的重要门户了。在北齐年间，居庸关曾名"纳款关"，从名字推断，当时的居庸关除了在军事上发挥重要作用外，在经济贸易上也已经有了一定的地位。

居庸关两侧皆高山耸立，峭壁陡不可攀，关城雄踞其中，扼控南下北京的通道。这种绝险的地势，决定了居庸关在历代战争中的重要性。宋人富弼就曾说，河北一路为天下根本。燕蓟之地，有松亭关、古北口、居庸关，此中原险要所恃，以隔绝匈奴不敢南下。《边防考》

中说："居庸者，京师之门户。"明顾祖禹更有"（居庸关）一有不虞，即当倾国争之"的说法。古代军事家称居庸关为"扼控南北之古今巨防"，形容极为恰当。唐代边塞诗人高适在描述居庸关路险关雄时写道："绝坂水连下，群峰云共高。"高适在描写居庸关的诗作还有一首云：

古镇青山口，寒风落日时。岩峦鸟不过，冰雪马堪迟。
出塞应无策，还家赖有期。东山足松桂，归去结茅茨。

从军事角度着眼，居庸关所在的关沟是古代华北平原通往内蒙古、大同、宣化等地的交通要道，居庸关既可作为中原王朝向漠北开疆辟土的前哨，又可据其险要形势，防备蒙古高原游牧部落骚扰。《金史》中有这样的记载："中都（今北京）之有居庸关，犹秦之有崤函，蜀之有剑门。"居庸关是都城西北的门户，更是屏障，为兵家必争之地。所以，元代郝经在其《居庸关铭》一文中说："中原能守则为阳国北门，中原失守则为阴国南门，故自汉、唐、辽、金以来常宿重兵,以谨管钥。"

从燕国设立居庸塞开始,历史上多次决定朝廷命运的战事都发生在居庸关一带。东汉时(公元118年),"鲜卑犯塞,寇居庸关",鲜卑人攻打居庸关,同汉朝守将大战;北魏时(公元525—527年),杜洛周起义军攻克北魏重兵把守的居庸关,将守关都督元谭赶出关外;辽金两朝的灭亡同样也与发生在居庸关的战事有关。

北宋宣和四年(公元1122年)金灭辽,金兵先打下居庸关,而后挥师南进,直取辽都燕京(今北京):"宋宣和四年,金人谋取燕京,辽人以劲兵守居庸,金兵至关,崖石自崩,戍卒多压死,遂溃,金人度关而南,入燕京。"金朝后期与蒙古军队多次发生战争,蒙古族部队多次攻破居庸关。宋嘉定六年(公元1213年),蒙古再次攻金:"帝进至怀来,及金行省完颜纲,元帅高琪战,败之,追至北口,金兵保居庸,诏可忒、薄刹守之。遂趋涿鹿,金西京留守忽沙虎遁去。帝出紫荆关,败金师于五回岭,拔涿、易二州。契丹讹鲁不儿等献北口,遮别遂取居庸,与可忒、薄刹会。"金兵凭借居庸之险固守，元兵久攻不下，最后元兵用计，攻下紫荆关，得关后，绕经涿、易二州，由关内向外，双面夹击才攻下居庸关。这就是元人所说"劲卒捣居庸，北拊其背；大军出紫荆，南扼其吭"的著名战例。之后的元朝末年，明军北上，也是先攻下居庸关，而后长驱直入，一举拿下元大都北京。

明朝建文元年（公元1399年），燕王朱棣率兵攻打怀来。此时，居庸关的守将是都指挥余瑱。朱棣感叹居庸之险时说："居庸险隘，北平之咽喉，我得此，可无北顾忧，瑱若据此，是拊我背也。宜急取之，缓则增兵缮守，后难图矣。""路险而窄，北京之襟喉也。百人守之，万人莫窥。"

明代，北方蒙古游牧部落对明边境不断骚扰，明军于公元1372年分三路北伐，后主力军在土剌河遭受重大挫折，明太祖因此放弃了以武力逐步统一草原的想法，继续实施政治上笼络、争取，同时军事上坚持战略防御的方针。以此为转折点，明政府在北方地区开始大量设置军镇，修筑城堡，立卫所，建关隘，置墩台，继之而来的便是旷日持久的营造万里长城。

曾任户部尚书的明代官员边贡描写居庸关:"塞口重关惬素闻,壑烟岚雨镇氤氲。雄吞巨海山形断,秀压中原地脉分。锁钥还思寇丞相,长城不用李将军。倚窗时送东南目,双阙蓬莱五色云。"

明代是万里长城修建的鼎盛时期,也是居庸关修建的鼎盛时期,居庸关的战略地位大大增强,其防御北方入侵之敌的作用也更为明政府所重视。为了应对北方鞑靼不断扰边,明政府在长城沿线设"九边",即九大边防重镇。除此,又置多重关隘以及其他卫所,从而形成一个前有屏障,后有纵深,以京师为核心的防御网络体系。

明朝于宣化、大同二镇之南,直隶、山西界上筑内长城,故称之为"内边"。"内边者,西起偏关之鸦角山与外边分,东抵直隶延庆之四海冶而复合,延袤二千余里。"其中包括了所谓"内三关"与"外三关"。"所历之关,在直隶为倒马、紫荆、居庸,谓之'内三关',而以在山西者为'外三关'。"

居庸关与紫荆关、倒马关合称"内三关"。清代大学者顾祖禹曾经把居庸关与紫荆关、倒马关加以比较,并指出其防御特点:"紫荆、倒马二关,隘口多,守御难遍,内达保定、真定(正定),皆平夷旷衍,无高山大陵之限,骑兵便于驰突。唯(惟)居庸重岗复岭,关山严固,三关之守,居庸险而实易。"可以说,居庸关在军事防御上拥有天然的优势。

与居庸关有关的战争不少,其中便有历史上著名的"土木之变"。明朝正统十四年(公元1449年),蒙古也先部已统一蒙古各部,以明廷限制贡马人数和压低马价为理由,分兵四路南下攻明,也先亲自率兵攻大同。太监王振怂恿明英宗率军五十万亲征。王振本身根本不懂军事,明军至大同后,敌军来势极盛,英宗仓皇下令经紫朔关(今河北易县境内)退军。军行四十里后,王振因撤退路线经过他的家乡蔚州(今河北蔚县),害怕大军过境损坏其田园,便强令全军北上改道由宣府(今河北宣化)回京。明军由新路线退至土木堡(今河北怀来境内),瓦剌大军到来,明军尽溃,死伤数十万人,英宗被俘,王振也死于乱军之中。此次事件史称为"土木之变"。随后也先拥英宗进犯北京。在北京的兵部尚书于谦扶保英宗的弟弟朱祁钰即位，并进行了保卫北京城的战役。瓦剌部撤退后，明朝近一步加紧了对北方的防务。明景泰元年（公元1450年），也先送英宗归明。

于谦，字廷益，浙江钱塘（今浙江杭州市）人，是明朝著名的民族英雄。"土木之变"后，瓦剌以大军进逼北京，朝中许多大臣主张与瓦剌议和。于谦坚持决不能向敌军示弱，与城中守军成功进行了北京保卫战，瓦剌退兵。于谦强调："前遣指挥季铎、岳谦往，而也先随入寇。继遣通政王复、少卿赵荣，不见上皇而还。和不足恃，明矣。况我与彼不共戴天，理固不可和。万一和而彼肆无厌之求，从之则坐敝，不从则生变，势亦不得和。贵为介胄臣，而恇怯如此，何以敌忾，法当诛。"于是，守城兵士个个奋力守城，没有人再想与敌军讲和。

明末，李自成起义军率兵先打下宣府（治今河北宣化县），再攻破居庸关，而后直取明都城北京，推翻了腐朽的明王朝。顾炎武闻说居庸关被李自成攻破，曾感慨地说："地非不险，城非不高，兵非不多，粮非不足也，国法不行，人心去也。"真是一语中的。

与元朝相仿，清朝在中国历史上，是完全罢修长城的一个王朝。康熙帝不相信长城的堡垒作用，但也留下《出居庸关》、《暮秋出居庸关诗》和《入居庸关诗》等诗篇。

数不清的战例证明：居庸关是一处进可以攻、退可以守的重要关塞。但居庸关在战争中实现其军事功能并非可以独立奏效，它对京都的屏蔽作用是和其他关隘、卫所相辅而成，互为呼应的。如居庸、倒马与紫荆内三关，总是遥相呼应的。明人于谦曾言："险有轻重，守亦有缓急，居庸、紫荆并为畿辅噤喉。论者常先居庸而后紫荆，不知寇窥居庸其得入者十之三，寇窥紫荆其得入者十之七。正如秦人守函谷而不知武关不固，咸阳遂倾；蜀人守剑阁而不知阴平已逾，成都先丧也。"同是明人的劳堪说："居庸，吾之背也；紫荆，吾之喉也。卒有急，则扼吾喉而拊吾背。"元兵对居庸、紫荆两关实施拊背扼吭的战略并取得胜利，就是明证。

辽金时期，居庸关除了显赫的军事地位外，已经成为南来北往的交汇之地，促进了南北地区在经济文化上的繁荣发展。公元936年，居庸关所在地区被后晋割让给辽国。辽国很重视农业发展，将大量的汉人迁到长城以北，这样使得中原地区的生产工具和生产技术广为传播，促进当地经济的发展。辽朝实行五京制度，以国都临潢为上京，以大定府（今辽宁凌源市西）为中京，以析津府（今北京市）为南京，以大同府（今山西大同市）为西京，以辽阳府（今辽宁辽阳市）为东京。辽的"五京"不仅是相应地区政治和经济中心，同时也是重要的工商业城市，其中尤以南京（今北京）最为繁荣。作为当时交通要塞和南北交汇之地的居庸关，在辽国南京（今北京）与西域、中亚等地进行的广泛经济文化交流中，发挥着十分重要的作用。

明永乐二十二年（公元1424年），明成祖朱棣亲征，经居庸关回京，京师各衙门官员都来迎驾，在居庸关举行了十分盛大的仪式。据相关史料记载，参加这次欢迎仪式的中外文武群臣和百姓竟达一百多万人，由此可知历史上居庸关的繁华。

明朝中期以后，明朝的军事防御重点转移到山海关一带，居庸关的军事地位开始下降。

清朝时，由于长城内外都已纳入版图，清朝统治者罢修长城。伴随着长城军事防御作用的减弱，居庸关的军事地位进一步下降，逐渐成为一个历史遗迹。

居庸关的景观与文化

居庸关是京北长城沿线上著名的古关城，所在陉在"太行八陉"中排列第八，即扼控军都山的军都陉。它所在的峡谷属于太行余脉军都山地，地形极为险要，"居庸天险列峰连，万里金汤固九边"。现在的居庸关南北券城仍存有北魏、辽、金时期的遗迹，部分城台用六格砖和小城砖砌筑。元代，在关城南北建了两个红门，设立有关卡和斥堠（烽火台）。关内建有行宫、寺院和云台等建筑。

居庸关关址以及所辖范围历代不一。明代的居庸关是隆庆卫（后改延庆卫）的戍守范围："居庸关，东至西水峪口黄花镇界九十里；西至坚子峪口紫荆关界一百二十里；南至榆河驿宛平县界六十里；北至土木驿新保安界一百二十里；南至京师一百二十里。"由上可知，其疆域东至西水峪口与黄花镇交界，北至土木驿与新保安交界，南至榆河驿与宛平县交界，东西长105千米，南北宽90千米。在这个范围内有75千米长城；有关城、上关、八达岭、南口、长峪、镇边等六座城池；有六十一座屯堡；有土木、榆林、居庸关、检河四驿。这个范围总称"居庸关"，又叫"延庆卫"。

现存的居庸关关城，始建于明洪武元年（公元1368年），是大将军徐达、副将军常遇春规划创建。对此次关城城池的修建，明朝的巡关御史王士翘在《西关志》里有详细记载："按居庸关城垣，前代无考。洪武元年，徐达、常遇春北伐燕京，元主夜出居庸关北遁，二公遂于此规划建立关城，以为华夷之限。周围一十三里有半二十八步有奇。东筑于翠屏山，西筑于金柜山，南北二面筑于两山之下。各高四丈二尺，厚两丈五尺。南北各设券城，重门二座，城楼各五间，券城楼各三间，水门各两空，南城西水门闸楼三间，四面敌楼一十五座，共城楼五十七间。关城外，南北山险处，共筑护城墩六座，东南、西南各一座，东北二座，西北二座。烽墩一十八座。隆庆卫地方。"徐达、常遇春修居庸关长城是有关明代修建长城关隘最早的记录，由此可见居庸关战略地位之重要。据《读史方舆纪要》所载居庸关："明洪武二年，大将军徐达垒石为城。三年，置守御千户所。永乐二年，置隆庆卫，领千户所五，以为京师北面之固。"

徐达所修的居庸关城规模很大，除上述关城外，还有南口门和上关门。南口门在关城南十五里，是一座堡城，其城上跨东西两山，下当两山之卫，周围二百丈五尺。南北城门有城楼二座，敌楼一座，偏左为东西水门，各一空。护城东山墩一座，两山墩三座，烽火台九座。属隆庆卫地方，裹口紧要。上关门，在关城北门外八里，周围二百八十五丈，护城墩东山二座，西山二座，烽火台十二座。

居庸关自洪武时建关，明景泰初年及其后屡经修缮后，城垣东达翠屏山脊，西到金柜山巅，周长4000余米，南北月城及城楼、敌楼等配套军事设施齐备。关城内外还有衙署、庙宇、儒学等各种相关建筑设施。

居庸关城建立以后，洪武三年（公元1370年），明政府在此置守御千户所；洪武四年（公元1371年），为了彻底孤立元朝残余势力，朝廷将大漠以北的大量蒙古人迁到长城以内，当时被公认为具有战略意义的关城有四个，而居庸关就是其中之一。明永乐四年（公元1406年），朝廷在居庸关置卫，下领千户所五处，作为京师北面固防的措施之一。明宣德三年（公元1428年），居庸关修筑水关水门。

王士翘所著《西关志》中载："南环凤阙，北枕龙沙，东连军都之雄，西界桑乾之浚。其隘如线，其侧如倾，开若扪参，降若趋井。翠屏吐秀，金柜吞奇，跨四十里之横岗，据八达岭之要害。诚天造地设之险，内夏外夷之防云。"它相当生动地写出了居庸关形胜的险绝。

在明朝两百多年的历史中，一直没有停止对长城的修筑，以加强长城的防务。其工程之大，耗资之巨，在中国历史上是独一无二的。居庸关在这一历史时期也得到了发展，是继元朝居庸关大规模建设后的第二次辉煌，并达到它的鼎盛时期。其下所辖隘口众多：

中路隘口十二处：双泉口、贺伯口、陈支良口、黄土岭口、石佛寺口、青龙桥东口与西口等。隶居庸关，委派官员一名管之。

北路隘口六处：化木梁口、花家窑口、于家卫口、石峡峪口、糜子峪口、河合口。隶居庸关，委派官一员管之。

南路隘口十二处：晏磨峪口、大峪口、汤峪口、谭峪口、水峪口、苏林口、小枯将口等。隶居庸关，委员一员管之。

东路隘口十四处：灰岭口、养马峪口、虎峪口、德胜口、锥石口、雁门口、门家峪口、西水峪口等。把总一员统之。

西路隘口：

白羊口隘口十处，守备一员统之，有白羊口

堡城。

长峪城隘口十六处,把总一员统之,有长峪城。

横岭隘口十四处,把总一员统之,有横岭口城。

镇边城隘口二十三处,把总一员统之,有镇边城。

明时兵部尚书于谦曾言:"居庸京师之门户,乃以金都御使王熔镇居庸,创建城垣。""土木之变"后,明政府又修缮了居庸关。这次所修的居庸关城垣,是在徐达、许廓所修关城基础上的又一次扩建。工程在景泰六年(公元1455年)完工。至今,居庸关南北关门上还有"居庸关"字样的石匾,旁边还有小字题记"泰伍年捌月吉日立"。景泰年间,居庸关城的建制达到了最完备的程度。关城之内设有衙署、书馆、庙宇、粮仓、神机库等各种相关的建筑设施。居庸关的范围也分为五道防线:北面有岔道城、八达岭、上关城,南面有南口,加之居庸关关城,合为五道防线。此时,居庸关在军事防御方面也达到最完备的程度。

居庸关关城及其防御功能与八达岭密不可分。《西关志》载："八达岭，在关北三十里，其城高二丈五尺，厚一丈，长六百八十丈，南北城门城楼二座，敌楼二座，城铺两间，护城东山平胡墩一座，西山御戎墩一座。弘治甲子秋七月，经略边备大理寺右少卿吴一贯规划设立，逾年告成。至今每遇春秋，守关者率兵于城外挑掘偏坡、壕堑，以防虏寇。隆庆边地方，外口尤为紧要，失此不守，则居庸不可保矣。"

自古以来，就有居庸之险不在关城而在八达岭之说。最早提出这种说法的是在《西关志》中，其《居庸图论》载："居庸关两山壁立，严险闻于今古，盖指关而言，愚窃谓居庸之险不在关城，而在八达岭。是岭，关山最高者，凭高以拒下，其险在我，失此不能守，是无关矣。逾岭数百步即岔道堡，是关北藩篱，守岔道所以守八达岭，守八达岭所以守关也。由八达岭南下关城，真所谓降若趋井者。关北门外即阅武场，登场而望，举城中无遁物，虚实易现，况往来通卫，道路日关，虽并车可驰，故曰：险不在关城也。关东灰岭诸隘，外接黄花镇、内环陵寝，更为重地，经画犹或未详。关西白羊口，号称要盖。城西门外去山不十丈，而山高于城数倍，岗坡平漫，可容万骑，虏若据山，则我师不敢登城，拓城以跨山，今之急务也。长峪、横岭近通怀来，均之可虑，而横岭尤孤悬外界，山高泉涸，军士苦之。镇边城虽云腹里，亦喉舌地。川原平旷，无险阻之固，雨霁溪涨，淹没濒仍，越此而南即长驱莫遏矣。是故镇边之当守，其形难察也，此固一关险夷，然去京师咸仅百余里耳，门户之险甚于潼、剑，设大将，屯重兵，未雨彻桑之谋，其可一日不讲哉？"后顾炎武也说："自八达岭下视居庸关，若建瓴若窥井。故昔人谓居庸之险不在关城而在八达岭。而岔道又八达岭之藩篱，元人于北口设兵，洵得地形之便者。"同样强调居庸之险不在关城而在八达岭。

八达岭城堡始建于明永乐二年（公元1404年），后于弘治十八年（公元1505年）重建，就是我们现在见到的城堡。开有东西两门，东门匾额题"居庸外镇"，西门题"北门锁钥"。八达岭因在高处（海拔约600米），居高临下，比居庸关城更险要。所以前人说"居庸之险不在关城，而在八达岭"。整条关沟两边，层峦叠嶂，悬崖峭壁，下临深沟，古称绝险。居庸关和南北两口形成重关迭险，真个有"一夫当关，万夫莫开"之势，何况山上还有长城环护。难怪古人会感叹"燕京之有居庸，犹秦之崤函，蜀之剑门也"。

八达岭长城是举世闻名的万里长城中非常雄伟壮观的一段。此段长城墙身高大坚固，平均高达7.8米，上窄下宽，墙基宽约6.5米，顶部平均宽5.7米。墙基用整齐巨大的花岗岩条石铺成，每块都重达千斤以上。城墙上部包砌大城砖，里面充填土石。城墙顶部用方砖铺砌，平整坦荡，可容五马并行，或十行并进。城墙上两旁有矮墙，称女墙。内侧女墙是防跌的；外侧女墙有垛口，上部小口供瞭望敌情，下部小口供射击。城墙上每隔300米到500米就有一处敌楼或墙台，作为巡逻放哨或者攻战用。敌楼下层还可以住人或放武器，彼此互为犄角，可以交叉射击。在城墙里侧，每隔一段距离有券门，门内的石阶是守兵上下城墙的路径。沿长城的制高点上设有烽火台，以传递警讯。一旦发现敌人，昼则放烟，夜则举火，以求将信息迅速传送到后方。以上这些设施构成一套完整的防御工事。这里的长城有两处高峰：北高峰和南高峰，最高点海拔约为1000米。

居庸关，狭义上仅指居庸关城；广义上则包括南口至八达岭范围内一共五十里的关城。南口，北魏时称为下口，北齐时为夏口，元代时叫南口。八达岭，在元代被称为居庸北口。八达岭关城重重。有八达岭关城（下口关）、上关关城、居庸关城、南口关城四道关城。南口关城是进入居庸关八达岭的前哨据点，南为沙河、玉河平川，自南口入山，群山开始。南口关城建筑在两山中间，关城规划做为菱形，城门道路自南北菱尖穿通。这是八达岭关口第四道防线。再向北行七里为居庸关城。居庸关城做为卵形，四周高山环抱，地势十分险要，林木苍翠。居庸关城是八达岭关口的第三道防线。关城的中心建筑有元代泰宁寺过街塔一座。塔的台基俗叫云台。台子全部用大型石块建筑，原来在台上建有三座喇嘛塔，现已毁掉，只留一个石台。台上列塔，台下有个洞可以行人，叫做过街塔。过街塔源于喇嘛教，是喇嘛教的一种建筑类型，在内蒙古、云南、青海等地皆有实物存在。台下的门洞做圭角形，两壁布满雕刻，在门口券石两旁雕有交叉金刚杵组成的图案，以及刻有象、猛龙、卷叶花和大蟒神，正中刻金翅鸟王。洞内壁雕刻四大天王，气宇轩昂。四大天王间刻陀罗尼经咒颂文，用兰咱（梵文）、伽嘎（西夏文）、土波字、元国书（巴思巴制造的新蒙古字）、畏吾（旧蒙古文字）、汉字、唐古特（西夏文）共 6 种文字刻成。还有巨大的天王形象栩栩如生，是元代雕刻艺术的佳品。

居庸关关城拥有万里长城最高的关楼：居庸关长城有关城门楼 2 座，南北城门各 1 座，均建筑在 10 米高的城台上，自身高 21 米，通高 31 米，比嘉峪关关楼通高高 5 米，比山海关通高高 7 米。面阔 5 间，为三重檐歇山式绿琉璃剪边布瓦心楼。

从居庸关再北行 8 里为上关城。上关城建设为椭圆形，亦南北二门，建在陡险的山丛中，成为居庸关前部的一个卫城，实际是八达岭的第二道防线。形制较小，但是可以用较少的兵力抵御众多的敌人。

居庸关自南口至八达岭五十里的这段关城，龚自珍对其曾有极其详细的描述："南口者，下关也，为之城，城南门至北门一里。出北门十五里，曰中关，又为之城，城南门至北门一里，出北门又十五里，曰上关，又为之城，城南门至北门一里，出北门又十五里，曰八达岭，又为之城，城南门至北门一里，盖自南口之南门，至于八达岭之北门，凡四十八里，关之首尾具制如是……下关最下，中关高倍之，八达岭之俯南口也，如窥井形然。"

居庸关长城还有独一无二的人字形长城：人字形长城在北门关楼西侧山坡上，修复时是按照原貌修复的。为什么这段长城要筑成人字形，它有什么特殊功能，目前还不清楚。此种结构在整个万里长城上还未曾发现。

因战乱、自然灾害等原因，居庸关多次遭到破坏，又多次被修复。如今的居庸关、八达岭是著名旅游区。关城附近自然景观十分壮美，早在金明昌年间，"居庸叠翠"即已列入"燕山八景"。

由于居庸关附近的山大多为石峦，树木繁茂，野花遍地，翠色如波。远远望去，好似叠翠层层挂于山崖，十分美丽。于是，乾隆年间在此立碑，称"居庸叠翠"。现在乾隆御笔亲题的石碑虽然已经不存，但居庸关美景仍在，与雄伟的居庸关关城相互辉映。

明人所作《燕京八景图诗序》中说："（居庸）关之中，延袤四十里，两山夹峙，一水旁流，关中有峡曰弹琴，道旁有石曰仙枕，两崖峻绝，层峦叠翠……故曰居庸叠翠。"

1982年，居庸关又以其重要的人文和自然景观价值，划入八达岭风景名胜保护区，成为其中重要的景点。自1992年春，居庸关长城又得到很好的修复。此项工程历时五年，至1997年底竣工。共修复长城4142米，敌楼、铺房、烽燧等建筑28座，建筑面积约3万余平方米。还修复了关城内外寺庙、粮仓、牌坊、衙署和书馆等各种建筑物，面积近1万平方米。

作为历史上著名的古战场，居庸关总能引人无限遐思。金代诗人蔡珪《出居庸》一诗云：

乱石妨车毂，深沙困马蹄。天分斗南北，人间日东西。侧脚柴荆短，平头土舍低。山花两三树，笑杀武陵溪。

元代诗人萨都剌也有《过居庸关》诗云："居庸关，山苍苍。关南暑多关北凉。天门晓开虎豹卧，石鼓昼击云雷张。关门铸铁半空倚，古来几多壮士死。草根白骨弃不收，冷雨阴风泣山鬼……"

我国清代著名思想家魏源在鸦片战争时期曾经两次游居庸关。当时，中国正处于内忧外患、风雨飘摇之中。道光三年（公元1823年），魏源到驻守在古北口的直隶总督杨芳家中做教师。教书之余，他研究北边防务，写有《居庸关五绝》（三首）："一登八达岭，回视如窥井。何意塞门关，天成云外境。"二十一年后，魏源又写下了《居庸关七绝》三首，其一云："十里嵚奇托一程，连云虎跨是关城。雄山尚作窥边势，古涧难平出塞声。"

（六）嘉峪关：关陇西界　肇启九边

长城高与白云齐，一蹑危楼万堞低。

锁钥九边联漠北，丸泥四郡划安西。

(清)裴景福《登嘉峪关》

嘉峪关的由来与变迁

嘉峪关，位于今甘肃省嘉峪关市西南隅，因地处嘉峪山麓而得名，居高凭险地当东西要冲，为明代长城的西端终点。嘉峪山，古谓之"璧玉山"，又名"鸿鹭山"，亦称"玉石山"，汉代于此设"玉石障"，其名盖缘于此。

元代始名"嘉峪山",取"林泉秀美,涧壑寂寥"之意。

明洪武五年(公元1372年),征虏大将军冯胜取河西,大破元军于甘州等地,量地度形,乃弃瓜、沙二州地,筑关于"嘉峪山之西麓",为中外之巨防、汉夷之分界。自古以来,通西域大道皆穿过古玉门关(石关峡),而自蒙古大军西征,修缮了道路,多走石关以南之捷径,开辟了新道。延至明初,昔日之旧大道已废,军旅不复绕道石关峡。所以,冯胜筑关于石关以南十余里之嘉峪山岗,是因为道路的改移,而将其关略向南移而改置为嘉峪关。《明一统志》称:"嘉峪关,在肃州卫城西六十里。其在城南又有文殊山、硫黄山,东南有寒水、石山、红山、观音山,凡五口。"对于嘉峪关,清人梁份在其《秦边纪略》一书中有着颇为精当的描述:

> 嘉峪关,即璧玉山,亦谓之玉石山。明收河西地,而以嘉峪为中外巨防,此河西之极西,而譬诸吐舌之末也。地无居人,为屯兵焉。四面平川,而关在坡上。初有水而后置关,有关而后建楼,有楼

而后筑城，长城筑而后关可守也。嘉峪南连卯来，北接野麻，东达肃州，西出塞外。明以哈密主西域贡，故西域出入咸在嘉峪。及三卫内徙，闭关已久，关之西一民非臣，尺地非土。关外则有大草滩，水足草美，往来番夷所停骖而驻足也。西北有石关儿，石峡天险，扼塞之区。碨外则扇马营，昔皆屯兵，今城已为颓墙堕瓦，面降阿饮池于其地者，騋牝三千矣。更西则赤斤蒙古卫，有山有河，有城有堡，今鹊巢不为鸠居也，自此益远。夫夷之在南方者，不过祁连、西海而止，其在西、在北、在西南、在西北者不胜数。三郡梗其中，故四方之往来咸绕于关前。则嘉峪之为重地，岂三郡之一隅一径所可同日而语哉！循墙而北五十里，则为野麻湾矣。〔原注：嘉峪关在嘉峪山冈上。明洪武间，冯胜取河西，西抵瓜州，而以嘉峪为限。坡下有九眼泉，夏不致竭，冬不致冻。弘治七年（公元1494年）闭嘉峪关，绝西域贡献。其后兵备李端建关楼，大学士翟銮阅边，筑嘉峪长城，使兵备李涵监筑，起于卯来泉之南，以接于野麻湾之东北，板筑甚坚，鉏櫌莫入，夷常穴之，必不能穿，其综理之密可知。]

嘉峪关所处之嘉峪塬地居河西走廊的中部偏西，东临酒泉，西接玉门，南有终年积雪的祁连山，嵯峨万仞，北有冈峦起伏的黑山，延袤千里。两山对峙，余脉向嘉峪塬伸来，中间形成长约15公里的狭长谷地，地势险若咽喉，而嘉峪关则又雄踞于此襟喉之最窄处，堪称"河西第一隘口"。清代《钦定皇舆西域图志》称："一自嘉峪关以西，安西州、哈密镇西府，久隶版籍。唯（惟）是西域荡平之后，改设州县，移驻提镇，经制攸殊且为新疆门户，是编扥始于此，所以备西域之大全也。"

《肃州新志·地理·形胜》载，嘉峪关"自远而论，东以关辅为内庭，西以伊循为外屏，南以青海为亭障，北以大漠为斥堠，襟山带河，足限戎马，所谓西陲锁钥也。由近而论，西瞰雪岭，背倚长城，临水淳于左，嘉峪峙于右，内有讨赖、红水之潆洄，外有黑河、白湖之环绕，群峰拱卫，虎踞豹隐。虽地兼沙卤，居杂戎番，而泉香，土沃，草茂，牧肥。具此形胜，足以有为矣"。

嘉峪关自古即为中原内地通往西域之门户，乃"丝绸之路"的重要关口，但宋、元以前，实"有关无城"。西汉张骞两次出使西域，曾途经嘉峪关的文殊山口。东汉班超父子西赴西域诸国，也曾经经过嘉峪关附近的野麻湾，遂使后来的酒泉成为中西贸易的集散地。唐朝玄奘赴印度取经，亦取道于此。阚骃《十三州志》云："延寿县，在酒泉郡西，金山在其东，至玉石障是也。"唐人释道宣《释迦方志·遗迹篇》云："肃州西行七十五里至玉门关，关在南北山间。"其次，敦煌遗书有宋人无名氏所著《西天路竟》云：自"肃州西行一日程，至玉门关"。由此可见，肃州西约七十里之石关，即西汉所置"玉石障"，亦即最古之玉门关，此当嘉峪关之前身。

至元代，威尼斯商人、著名的旅行家马可·波罗等人，也是从西亚经过新疆到达酒泉，然后才到元大都（即今北京市）。公元1602年，葡萄牙人鄂本笃也是沿循这条古道，从印度来到中国，并且留下关于这座关隘的记载："由哈密停九日，抵支那国北方之长城，此城世界著名。停留处曰嘉峪关。在此休息二十五日，以待是省总督之回音，可否入，至后总督复音许入，于是起身。行一日抵肃州（酒泉）。"

嘉峪关外的大草滩，地面开阔，素为古战场。关北的黑山，山大沟深，背风向阳，山间有瀑布，山后有澄湖，既隐蔽又宽阔。适宜操练习武，又便于伏兵出击。关南有滔滔奔流的讨赖河，与文殊山构成了天然屏障。嘉峪关内，地势平坦，水源充足，良田成片，牧场遍布。关下有著名的峪泉活水"九眼泉"，"冬夏澄清，碧波不竭。以极西边关，有此涌泉，不唯（惟）民资以生，且又沃田数顷"，附近田禾茂盛，牛羊肥壮。

如此优越之自然条件和险要天成之势，成就了嘉峪关无可动摇的雄关地位，而终明一朝，与此相伴的自然是永无休止的争夺、劫掠、厮杀和战争。

明代，政府军和吐鲁番兵曾数次在嘉峪关作战。明正德元年（公元 1506 年），吐鲁番首领满速儿，诱引哈密忠顺王拜牙郎放弃明朝投向吐鲁番，接着满速儿夺了他的金印，并且派兵占据了哈密。后来满速儿归还了哈密和金印，但仍扣留拜牙郎。甘肃巡抚李昆怕他有变，把满速儿的使臣作为人质留在甘州（今甘肃张掖市）。满速儿大怒，又派兵占领了哈密，并进占沙州（今甘肃敦煌），自率万骑进攻嘉峪关。李昆派游击芮宁与参将蒋存礼前去抵御。芮宁率七百人首先在沙子坝与满速儿相遇，被围困。蒋存礼军受到阻击不能前去支援，芮宁全军覆没。吐鲁番军便攻下嘉峪关，进至肃州（今甘肃酒泉市）城下。兵备副使陈九畴乘夜间率兵出城，袭击满速儿的营地。满速儿战败，逃往瓜州，又被副总兵郑廉截击，最后逃回吐鲁番，复派人求和。

明正德十一年（公元1516年），吐鲁番军又侵入嘉峪关，围攻肃州，犯甘州，大掠而去。嘉靖三年（公元1524年），再犯嘉峪关，围肃州，不久即被击溃，遂请降，且以哈密来归。明朝廷却"以哈密既残破，且去边远，疲中国以存外夷，非计也"，决定"闭关绝其贡"，主动放弃嘉峪关以外的地方。后来，吐鲁番兵屡次来攻嘉峪关，都被明军击败。满速儿乃归还哈密，与明朝通好如故。

嘉峪关的景观与文化

嘉峪关不是"一片孤城",它属于明长城九镇中的甘肃镇肃州卫,关城仅仅是整座长城防线上的一个重要军事据点。围绕关城,除修筑了东、西、北三段长城外,嘉峪关还修筑了一整套严密戍守的候望系统和快速传递信息的燧、墩、堡、城。所谓五里一燧,十里一墩,三十里一堡,一百里一城,构成了一道城堡相连、烽火相望的防线。在整个防御体系中,最关键的要数烽火台,它是长城沿线守卫的据点和联络传递消息的工具。据载,嘉峪关一共管理39座烽火台,它们一般建在长城内侧比较高峻的地方,各个烽火台传递信息,遇到天阴刮风下雨,烽火台不起作用时,便使用驿站快马,逐站接力进行传送。

整座嘉峪关最令人惊异的,应该是那高大的城楼和各种式样的楼阁的建造,它们几乎是建在黄土夯筑的城墙之上。"万丈高楼从地起",然而,嘉峪关这座几十米高的"大楼",却大胆地打破常规,是由上而下建造的。

嘉峪关东西城楼高达十七米，三层三檐，于当时而言，只能采用"绝招"了：首先在楼台基础上，堆起了十几米高的大土堆，逐层夯实，接着造起第三层城楼顶，竖起第三层的立桩，一切工序完成后，再刨除周围积土，继续建第二层、第一层……城楼从上到下，一层层筑起，积土从上到下，一层层清走。如此，嘉峪关始告建成。

嘉峪关整个建关过程，正如清人梁份所著的《秦边纪略》所言："初有水而后置关，有关而后建楼，有楼而后筑长城，长城筑而后关可守也。"弘治年间（公元1488—1505年）修建罗城，并建嘉峪关楼，即所谓"构大楼以壮观，望之四达"。正德元年（公元1506年）八月至次年二月修建了东、西二楼，以及官厅、夷厂、仓库等附属建筑物。初筑之嘉峪关，据《肃州志》载："仅一土城，周围二百二十二丈、高一丈八尺，阔厚丈余，址倚冈坡，不能凿池，东西二门，各有月城。"当时以守备守之，并无长城（边墙）之属。嘉靖十八年（公元1539年），"尚书翟銮行边"，"言嘉峪关最临边境，为河西第一隘口，墙濠淤损，宜加修葺"，必须加固关城及其边墙（即长城）。于是，"于濠内凑立边墙，每五里设墩台一座，以为保障"，"使兵备道李涵监筑"，修筑了一道南起祁连山脉文殊山下的卯来泉，穿过关城到野麻湾之东北长达百里的边墙，并在沿线修筑了墩台。边墙筑毕，嘉峪关南面的长城蜿蜒若巨龙，绵亘于平沙原野之上，一直伸向祁连山下的悬崖；北面的长城若断若续，依山势起伏隐现，一直延至黑山山腰的峭壁之上。南北两面的长城正如从关城伸出的两把巨钳，卡断了东西通道，嘉峪关交通咽喉之作用愈加显要。

嘉峪关关城的总体布局，适合战争和防御的需要，由内城、瓮城、罗城、外城、城壕所组成，形成以关城为中心，"城内有城，城外有壕"的重城形态，重城又以并守之势和长城、城台、烽燧、墩台形成星罗棋布般的空间网络结构，从而构成中国古代历史上堪称典范的、完整的军事防御和通讯体系。笔者以为，这也许正是嘉峪关以"天下第一雄关"传诵至今，并以"长城主宰"享誉海内外之精华所在。

内城为嘉峪关关城的主体，其基础即为明洪武五年

（公元1372年），冯胜下河西选址修筑之土城。明代，内城设有军事指挥机关，始称守备司，后为游击将军府，亦称游击衙门。隆庆二年（公元1568年），总督王崇古认为嘉峪关"三面临戎，势甚孤悬，宜设守备防御"，从此，在嘉峪关派驻游击将军，并驻守官兵千人左右。从明到清，历任嘉峪关的军事首领都驻留在这里。此外，关城内还设有检验出入关证件的机构，名为嘉峪关公馆。

嘉峪关内城有东、西二门，门额镶嵌有清乾隆五十六年（公元1791年）石刻，东曰"光化门"，意即紫气东升，光华普照；西曰"柔远门"，寓意以怀柔而致远，安定西陲。雍正十一年（公元1733年），沈清崖以西安粮盐道管军需库务之职驻守肃州，曾作《柔远亭》二首：

一

古塞通西域，岩城接大荒。一亭聊驻马，万里此离觞。
风劲草痕白，山寒日影黄。征夫折鞭去，前路少垂杨。

二

嘉峪分天堑，筹边陋昔人。斯亭才结构，西旅即来宾。

庭杂乌孙座，墀牵大宛驯。与楼虽对峙，独喜靖胡尘。

嘉峪关内城东、西二门外均有瓮城回护，瓮城犹如两尊巨大的雄狮，守卫在关城东、西两门，对内城有着进一步的保护作用。

罗城，位于西瓮城西墙外，为砖包墙，与外城相连，南北筑有一道近似"凸"字形的城墙，墙中间为砖砌券门，门额石刻"嘉峪关"三个大字，此为关之正门。关楼始建于明弘治八年（公元1495年），门顶平台之上悬有"天下第一雄关"匾额，为清同治十二年（公元1873年）陕甘总督左宗棠手书。罗城与内城形成了一道重城，是关城的最前防线。

嘉峪关正门外的沙岗上矗立有一块大石碑，上刻"天下雄关"四个遒劲的大字，为清朝嘉庆十四年（公元1809年）所立。三十三年后，谪贬伊犁的林则徐途经嘉峪关，即景抒怀，以"雄关"二字作为一首诗的起句吟道：

雄关楼堞倚云开,

驻马边墙首重回。

风雨满城人出塞,

黄花真笑逐臣来。

城外有清道光二年(公元1822年)重修的文昌阁、清嘉庆十二年(公元1807年)重修的关帝庙和清乾隆五十七年(公元1792年)重修的戏台等。文昌阁,亦称"文昌殿",建筑面积百余平方米,两层两檐歇山顶式。上层有花阁门窗,四周有廊,四面红漆木柱,木刻花栏。花阁门窗之顶绘有彩画,底层回廊环绕,有木梯可以登楼。两侧各有砖垒小屋一间,中间有一宽阔门洞。

关帝庙在东瓮城西墙外,坐北向南,上悬"威宣中外"匾额一块。据《重修玄帝庙碣记》记载,明正德元年(公元1506年)以前,内城中就建有玄帝庙一座。正德元年修建嘉峪关东、西二楼时,将内城中的玄帝庙移建到现在的地点,改称"关帝庙"。从明到清,曾多次修缮。明正德年间,时任嘉峪关承信校尉的王镇于嘉峪关城内东西二楼建成之时，书写七律刻于玄帝庙碣右侧：

> 承委边关创立修，庙宇官厅可完周。
> 磨砖砌就鱼鳞瓦，五彩装成碧玉楼。
> 东通山海名威显，西阻羌戎第一州。
> 感蒙圣朝从此建，永镇诸夷几万秋。

关于嘉峪关城墙的夯筑难度，更非今人所能想象。据传，当时修筑城墙用的黄土，经过认真筛选后，还要放在青石板上，让烈日烤干，以免草籽发芽，影响城墙的质量。在夯筑墙身时，黄土中要掺入丝麻和灰浆，甚至要掺入糯米汁混拌以增强黏结能力。工程结束后，还要进行严格的验收。在距墙一定的距离，用箭射墙。如果箭头碰壁落地，就证明城墙坚固合格；如果箭头射入墙中，则视为不合格，还要返工重修。所以，尽管是夯土墙身，它却能承受砖砌城楼的沉重压力，历经百年而岿然屹立。

历经岁月沧桑的同时，雄浑的嘉峪关更演绎着一个个美妙动听而感人至深的传说……其中，流传最为广泛的是"击石燕鸣"的传说。据说，明代嘉峪关城门的关启制度十分严格。昔有燕筑巢于嘉峪关柔远门内，一日，两燕出关。日暮，雌燕先归，关门敞开；及至雄燕飞回，关门已闭，不得入，遂悲鸣触墙而死。雌燕悲痛欲绝，不时发出"啾啾"之声，召唤雄燕归来，一直悲鸣至死。死后其精灵不灭，是以永作燕鸣之声。今人罗哲文曾经至嘉峪关地区考察，并登上城楼对此吟咏：

嘉峪关，启闭最遵章。晚至旅人空怅惘，迟归飞鸟极心伤，饮恨向高墙。

又有"定城砖"的故事。据说，在嘉峪关关城初建之时，设计极为精确。主持建造的著名工匠易开占经过周密的实地勘察与匠心独运的精心设计，提出一个布局精巧、结构坚固的设计方案，同时还准确计算出了全部工程的用料数量。待嘉峪关全部工程完成时，所有费用恰好用完，仅仅剩下了一块砖。于是，人们把这块砖称为"定城砖",并放置在西瓮城之上,可望而不易取。传说难免有所夸大,但"一块砖"的故事折射出了嘉峪关建造所蕴含的莫大智慧。

出了嘉峪关,两眼泪不干。向前看,戈壁滩;向后看,鬼门关。出关容易进关难。

这首至今仍然流传于当地民间的歌谣,道出昔日出关者的悲伤心情。古时,一般认为出了嘉峪关便生死难料,有生离死别之感。清道光三十二年(公元1842年),林则徐因禁烟被谪贬伊犁,取道于此。面对皑皑祁连、巍巍雄关,林则徐吟咏道:

一

严关百尺界天西,万里征人驻马蹄。
飞阁遥连秦树直,缭垣斜压陇云低。
天山巉削摩肩立,瀚海苍茫入望迷。
谁道崤函千古险,回首只见一丸泥。

二

东西尉侯往来通，博望星槎笑凿空。

塞下传笳歌敕勒，楼头倚剑接崆峒。

长城饮马寒宵月，古戍盘雕大漠风。

除是卢龙山海险，东南谁比此关雄！

明朝万历年间，时任陕甘道御史的徐养量巡视河西至嘉峪关，作五言长诗一首，题为《嘉峪关漫纪》，刻于卧式石碑。全诗为草书，笔力遒劲，起伏跌宕，气势磅礴，感情凝重，极具历史和书法价值。下面是该首长诗中的几句：

朝旭丽飞旌，凯风壮长戟。

行行招玉门，迢迢扼沙碛。

红泉襟其南，黑水障其北。

五月沟草黄，一带石烟白。

"嘉峪晴烟"为"肃州八景"之一，每当晴空万里之时，嘉峪雄关被笼罩在弥漫的烟雾之中。犹如一艘高大的海轮，被茫茫晨霭所包围一般，显得壮观、柔和。据说，当年修建嘉峪关时，几万民众，风餐露宿，用蓬蒿做柴，戈壁滩从早到晚烟雾不断。有趣的是，尽管事完人离，可这烟雾久久不散，越是晴天越是明显。有一年，边寇由西来犯，当到离关十余里的地方看到滞留上空的烟雾，疑心顿起："晴空万里，怎么会有如此迷雾？定是大军驻营造饭！"遂即刻撤退。"嘉峪晴烟"亦随之成为佳景美谈。明朝诗人戴弁所作之《嘉峪晴烟》云：

嘉峪晴烟

烟笼嘉峪碧岧峣，影拂昆仑万里遥。

暖气常浮春不老，寒光欲散雪初消。

雨收远岫和云湿，风度疏林带雾飘。

最是晚来闲望处，夕阳天外锁山腰。

嘉峪关号称"天下雄关"，明朝长城东端的山海关也有一个类似的匾额："天下第一关。"山海关虽然少了一个"雄"字，但享有"天下第一关"的名号。那么，究竟谁为"第一关"呢？嘉峪关初建于公元1372年，山海关建于公元1381年，相差不到十年。如果以建关年代先后来说，"第一关"当然应属嘉峪关了。而且，就以雄伟气势与重要性而言，嘉峪关也不亚于山海关。那么，为什么会出现两个"第一"呢？因此，就有前人折衷之说，即假如从长城西端入关，嘉峪关自是"第一"；假如从长城东端入关，则"第一"非山海关莫属了。当然，也有人解释说，古人好以"天下第一"题字，借以表达对名胜的最高赞扬。其实，许多名胜古迹，号称"天下第一"者，未必都是"第一"。

（七）山海关：据山跨海　钳制东藩

芒芒碣石东，此关自天作。

粤惟中山王，经营始开拓。

东支限重门，幽州截垠堮。

前海弥灏漾，后岭横岝崿。

紫塞为周垣，苍山为锁钥。

（明）顾炎武《山海关》

山海关的由来与变迁

山海关，位于今河北省秦皇岛市东隅，东距沈阳400

公里，西距北京300多公里，正处华北与东北的交界处。北依巍巍燕山，南临滔滔渤海，山海间仅距7.5公里，依山襟海，雄势天成，扼海陆咽喉要冲。《畿辅通志》称山海关的形势为："长城之枕，护燕蓟，为京师屏翰，拥雄关，为辽左咽喉。"长城如练，雄关似锁，山海关钳制着辽西走廊西端孔道，素有"两京锁钥无双地，万里长城第一关"的说法。

隋唐时代，山海关一带属于临渝，有著名的军事要地——渝关，亦称"临渝关"。隋朝大业九年（公元613年），隋炀帝北征高丽在辽东前线，国内杨玄感反叛朝廷。李密向杨玄感献策说："天子出征，远在辽外，去幽州犹隔千里。南有巨海，北有强胡。中间一道，理极艰危。公拥兵出其不意，长驱入蓟，据临渝之险，扼其咽喉。归路既绝，高丽闻之，必蹑其后。不过旬月，资粮皆尽，其众不降则溃，可不战而擒。此上计也。"

五代后唐末年，石敬瑭在太原叛变，害怕后唐征伐，向契丹请求援兵。契丹主率军赶援，临行前，其母亲述律太后告诫说："赵大王（指当时后唐割据势力卢龙节度使赵德钧）若引兵北向渝关，亟须引归，太原不可救也。"此两段记载，集中体现了渝关天险实乃关系兵家成败之战略要地。

降至辽代，山海关附近设置了迁民县。迁民县，是为辽代迁州治所，金代撤销州的建制。元代，降迁民县为迁民镇。这里依山傍海、地势险要。元泰定帝致和元年（公元1328年），权臣燕铁木儿为了防御辽东兵攻大都，曾"发平滦民堑迁民镇"，就是在今山海关以东，从山到海挖一道堑壕。虽然这里没有发生大的战事，但充分显示了当时迁民镇地扼辽西走廊的战略地位。

明太祖朱元璋洪武十三年（公元1380年），后元政权的平章完者不花率军侵入桃林口，明军指挥刘广战死。千户王略虽受伤犹坚持战斗，并最终在迁民镇设下埋伏擒获完者不花，这一重大胜利即与迁民镇险要的地势有直接的关系。

公元1381年，以魏国公职留镇燕蓟的明行军元帅中山王徐达"守燕依山阻海规方度势"，见此地"枕山襟海，实辽蓟咽喉"，于是"移关于此，连引长城为城之址"。清光绪《临榆县志》记载:"洪武十四年春正月辛亥,发燕山等卫屯兵万五千一百人,依山阻海,筑长城及修永平、界岭等三十二关。"在迁民镇设置山海卫,在山海间仅距7.5公里的平原地段中部筑城为关,形成重关镇隘的地理形势。因其负山襟海,雄关耸峙,定名"山海关"。

明初,修筑万里长城的主要目的是为防御蒙古贵族残余势力卷土重来。

洪武初年,命徐达经略边备,在北征的同时,又兼有筑城的使命。

至于徐达为什么要在山海关设卫这一问题,明成化年间大学士商辂在其所作《显功庙记》中有过明确的记述:"为长治久安计,以平滦渝关土地旷衍,无险可据。去东八十里得古迁安(民)镇,其地大山北峙,巨海南浸,高岭东环,石河西绕,形势险要,诚天造地设。遂筑城移关,置卫守之,更名曰山海关。"

《临榆县志·建置编》对此也做出评说:"山海之城,甚得地理,永不被兵。"因此,徐达以雄才大略规方度势，在此处因险制塞，从中亦可窥见古代军事家形胜运用之娴熟。实际上，徐达在迁民镇建关设卫不是偶然的。当时，迁民镇地扼辽西走廊最窄处，素为蓟辽咽喉；又有马头庄港可泊巨舰，运输粮草，以保障军需民食。另外，这也绝不是将抚宁榆关"移关于此"。抚宁榆关自辽代至明代均为驿站，既无险可守，又无军队驻扎，与迁民镇改为山海关没有丝毫关系。在辽西走廊西端山海交汇处设关置卫，是因为这里有着得天独厚的地理形势，是自古以来辽西战争经验的总结。

从明初至中叶，蒙古兀良哈三卫多次骚扰滦东各县。可是，没有一次是从山海关正面攻入的。

据明万历二十七年（公元 1599 年）纂修的《永平府志》记载：

景泰三年春，"虏入小毛山关"。

成化五年五月，"虏入永平境"。

成化十八年闰八月，"虏入义院口"。

弘治四年秋，"虏犯一片石、大小毛山，掠黄上营粮草"。

弘治十二年二月，"东虏入桃林口"。

正德五年七月，"虏入大毛山、长峪口"。

正德七年三月，"虏入寺儿峪，五月犯花场峪关"。

正德十年五月，"虏从板场峪入，又从神仙岭入"；元月，"西虏入界岭口关"。

正德十一年六月，"虏由桃林口入，内犯"；七月，"虏由刘家口关入"。

正德十二年二月，"虏犯青山口；十一月，虏犯董家口；闰十二月，虏由刘家口入"。

正德十四年五月，"虏溃青山口，将攻台头营"。

正德十五年正月，"虏犯建昌营，入星星峪，又犯花场峪关"。

正德十六年正月，"虏入星星峪及界岭口，七月入刘家口关"。

不难看出，在山海雄关面前，蒙古军队显得多么软弱无力。嘉靖二十五年（公元1546年），"兀良哈大入塞，犯山海关，御却之"。嘉靖四十三年（公元1564年）正月，土蛮军队袭南海口关，妄图从冰上偷渡。冰裂，死伤多人。隆庆初年，蓟镇总兵戚继光改建长城，并修筑入海石城。自此，长城雄关——山海关的防务愈坚不可摧。

明代末年，东北女真部族崛起之后，对朱明王朝无疑是一个巨大的威胁。因此，山海关作为明王朝的东大门，捍卫京师的屏藩，战略地位更加重要。女真部族（满族前身）在统一东北各部、奠都盛京以后，连续对明发动攻势，明军在辽东的防卫力量已被摧垮，山海关成为拱卫京师的最后一道屏障。

当时，山海关成为满族政权入主中原的争夺焦点，它甚至关系到一个政权的存亡，大有得之则昌，失之则亡之势。因此，朱明王朝几乎将"国家全副精神尽注山海"。明熹宗时期，山海关城内外的兵力已达十三四万之众，设五镇，十四协、三十六营（含水军三个营），置总兵六员，副将十二员，大小将领一千五百余人。明王朝军费开支用于山海、辽东的内帑金高达二千零一十八万八千三百六十六两，而常年"九边之饷"每岁不过三百六十万两。山海关特设经略，节制三方，形成"天下安危系于一垣""京师之切，在此山海一关"的紧迫局势。此外，明廷还屡派名将督师防守。

万历二十九年（公元1601年），明朝开始设蓟辽总督，驻密云（今北京市密云区），其职责主要是防备（长城以北）俺答等部的侵扰。后因建州卫在东北崛起，辽东战事失利，明朝廷才将战略重点东移。万历四十六年（公元1618年），蓟辽总督汪可受移驻山海关。从此，山海关成为军事指挥中心，明朝的军事家都以山海关为经略辽东和争夺辽西走廊的基地。

明天启元年（公元1621年），熊廷弼第二次经略辽东，即驻守于山海关。天启二年，大学士孙承宗督师蓟辽，以山海关为根据地，练兵屯田，建城筑堡，收复失地，把防线向东推进到大凌河一带。崇祯元年（公元1628年），袁崇焕督师蓟辽，以山海关为后盾，取得了宁远大捷。崇祯二年（公元1629年），孙承宗再次来此督师，收复京东四县，迫使后金兵退到长城以北。继而东进，又在大凌河边筑前哨城堡。不止这些能征善战的军事家重视山海关的战略地位，即使屡打败仗的庸将，也知道要坚守山海关。天启二年正月，明辽东巡抚王化贞在广宁（今辽宁省北镇）惨败，放弃辽西40余城，将残兵和难民退到山海关以内。随之，王在晋经略蓟、辽、天津和登州军务。此人胆小如鼠，在清军步步进逼之下，主张关外所有的地方全部放弃，但仍在山海关城东四公里的八里堡一带由北向南再筑一道重城，用以保卫山海关。天启五年十月，高第经略蓟、辽，"又申王在晋之说，谓关外必不可守，令尽撤移关内，第无以难，乃撤锦州、古屯，大小凌河及松山、杏山、塔山守具，尽驱屯兵入关"，将关外城防全部撤除，退保山海关，把这里作为最后的盾牌。无疑，这在当时是一个畏惧退缩的下策。但从另一个侧面来看，也正是因为他权衡考虑到山海关这一关隘的重要地理位置，易守难攻的战略形势，才敢出此下策，明廷安危再次悬于一线。

明王朝在控扼陆路通道的同时，为防御清军从海上进入，也不断地加强海上防卫。早在万历末期，兵部即在此设分司，增设"海运厅"，设同知或通制。天启元年（公元1621年），明朝政府为了向辽东、辽西转运大量的军需物资，重新修复利用南海口码头港，疏浚海口河道，并且户部在山海关设置有分司。天启二年（公元1622年），孙承宗在老龙头设南海口龙武营。至此，山海关已经成为海防和海运的战略要地。

对于清政权来说，更是把山海关视为大军西进京师的关键所在。要想灭掉明政权而统一中原，必须打通山海关隘口，并且控制它。明崇祯年间，后金（清朝前身）对明长城各关口连年发动攻势，竟达八次之多，致使京师三次戒严，并深入口内、山西、河北、山东等地。清兵虽然多次进入长城各口，但都是经蒙古一线，绕过山海关，而且"俱俘掠而行"，并没有长期固守。究其原因，清代史学家魏源在其所著《圣武记》中对此有精辟的分析，"山海关控制其间，则内外声势不接，即入其他口，而彼得绕我后路"，因而"所克山东、直隶郡邑辄不守而去，皆由山海关阻隔之故"。

直至崇祯十七年（公元1644年）四月，明总兵吴三桂、李自成农民军、清军三种势力决战于山海关。吴三桂投清，乞降献关，致使李自成农民军遭到沉重的打击，清王朝得以进军中原。

清康熙初年，任山海关管关通判的陈天植在《山海关》诗中曾有过这样的描述："雄关划内外，地险扼长安。大海波光阔，遥峰杀气寒。疆场百战后，烟火几家残。塞草连天碧，行人不忍看。"

事实说明，山海关对清军确实具有巨大的威慑力。明朝有山海关在，清军就不能从辽西走廊正面进兵，只能迂回绕道入长城。即使取得重大胜利，亦不敢在中原驻兵。明朝末年，朝廷虽然腐朽，可始终重视山海关的战略地位。当李自成农民起义军进入山西，攻下太原，破代州，迈向居庸关，明王朝危在旦夕之际，却不敢将驻守山海关的军队西撤以保卫京城，这充分彰显了明朝统治者对山海关的战略地位有清醒的认识。山海关在，就能阻遏清军进窥中原；山海关失，清军就会从辽西走廊长驱直入，导致江山易主。

清朝统一中国以后，山海关作为内地关隘，渐渐失去了军事价值。乾隆二年（公元1737年），清朝撤销山海关，改建临榆县。虽然山海关成为县城，但优越的地理位置丝毫没有减弱。

道光二十年（公元1840年），鸦片战争爆发，英美列强用坚船利炮入侵中国。清廷为了捍卫京城，又加强了山海关的防务。就在这一年，名将向荣统兵在石河口等处筑炮台防海。以后，清朝名将僧格林沁、两江总督曾国荃都曾统率重兵驻守山海关。光绪十年（公元1884年），真定镇总兵（后为直隶省提督）叶志超率练军驻防山海关南海，设立行营武备学堂（比李鸿章在天津设立的武备学堂早两年）。后来，北洋军阀的干将王士珍、田中玉、卢永祥等就是从这个武备学堂毕业的。光绪二十年（公元1894年），甲午战争爆发，叶志超部开赴朝鲜。山海关作为清军后路，更驻扎重兵，两江总督刘坤一就率兵驻守在这里。

不仅清朝把山海关作为捍卫京城的东大门，帝国主义列强也把山海关视作必争之地。光绪二十六年（公元1900年），八国联军侵占北京以后，由于抢占地盘，英俄矛盾逐渐加剧。六月初十（7月6日），沙皇尼古拉二世下动员令，调集18万军队，大举入侵中国东北三省。随后，驻扎在天津的俄军沿津榆铁路东进，企图同攻入东北的俄军主力在山海关会师。其他列强也深知山海关地理位置的重要，就在闰八月初八（10月1日），英、法等国舰队在山海关南海登陆，抢先占领山海关。第二天，俄军乘火车到达这里。1901年9月7日，清廷与列强签订了《辛丑条约》，其中规定在北京至山海关之间十二个军事要地由外国驻兵，只山海关南海一地就建了"六国营盘"，英、法、德等国迫使俄军退到关外。1933年1月，日寇进犯山海关，企图把山海关作为大举侵华的前沿阵地。面对着强大、凶残、数倍于己的敌人，守卫山海关的东北军奋起抗击，英勇保卫山海关，誓与关城共存亡。但终因寡不敌众，数日激战后，山海关城被日寇攻破。一个英雄的关就这样屡次遭受着列强的践踏，默默承受着民族的耻辱。诸如此类，固然不堪回首，但也从另外一个角度映衬着山海关的险要。

1922年夏，第一次直奉战争期间，奉军退守山海关，在城西北红瓦店、五泉庵一带掘壕坚守十多天。后经双方议和，奉军才撤兵出关。1924年，第二次直奉战争爆发，直军司令彭寿莘镇守山海关，奉军猛攻二十天未下。后来，奉军从侧翼攻入九门口，迂回到直军的后方，占石门寨，据海阳、秦皇岛，直军才从山海关城溃退。1945年，山海关保卫战中，中国人民解放军以寡敌众，守卫山海关以阻止国民党军队进攻东北解放区，坚守石河以东二十二天。后来，由于国民党军队从城子峪、大毛山出长城，占北山，守御山海关的解放军才做战略转移。从这三次战争可以看出，山海关在现代战争中仍具有重要的军事价值，从正面攻打极其不易，所以才从侧面隘口突破。

纵观山海关千年战史，不论进军东北还是入主中原，最便捷的通道就是辽西走廊。在此走廊地带，无数次驰骋过千军万马，上演过一幕幕惊心动魄的悲喜剧。作为辽西走廊窄处的山海关，更是阅尽历史沧桑。巍巍燕山，滔滔渤海，渝水险滩，辽西古道，雄关城堞，街衢里弄，留下了众多的历史遗迹和人物传说。这些是辽西战争史的见证,更显示了山海关在军事史上的战略意义。清代有人说:"两京锁钥无双地,万里长城第一关。"这可作为山海关的战略地位的定评。

山海关的景观与文化

山海关以山、海、城、关构成了其古代文化的特色,至今仍保存较为完整的古代军事防御建筑群体,则是山海关历史文化中重要的组成部分。以"天下第一关"为轴心,向外辐射形的军事防御建筑,是古城建筑文化与建筑风格特色的具体表现,而箭楼又是山海关建筑精粹之所在。历代帝王、政治家、军事家、文人墨客对此大加评说,留下许多诗词。

明成化二十年(公元 1484 年),兵部尚书马文升巡按辽东,路过山海关时作诗云:"曾闻山海古渝关,今日经行眼界宽。万顷洪涛观不尽,千寻绝壁画应难。东封辽水三韩险,西固燕京百世安。"

崇祯二年（公元1629年），孙承宗再次督师蓟辽，移镇山海关时赋诗明志："甲胄诗篇少，乾坤戎马多。幻仍看海市，壮拟挽天河。塞上人先老，山头月奈何。群雄骄语日，一剑几经过。"清康熙十年（公元1671年），帝过山海关感慨留诗："重关称第一，扼险倚雄边。地势长城接，天空沧海连。"

山海关的北部是层峦叠嶂、巍峨挺拔的燕山余脉，"兹山之北，直抵沙漠"，"群峰万壑，争赴一门"。山海关城北三公里的角山，"脉自居庸、古北、喜峰诸山逶迤延亘千余里，起伏转折，至山海关北，顿起高峰，横开列障，南临大海，长城枕之。控畿甸、界辽沈。山之最高处为平山顶（海拔为519米），平广可坐数百人，有巨石嵯岈，如龙首带角。山下岗岭，皆由东循海西转，环抱关城"。长城宛如一条巨大的锁链，将山、海、关联成一体，可谓"紫塞双峰接，丹梯万仞缘。魂摇山入海，目断水涵天"。角山形势冲要，雄视四野，是山海关的制高点。"自古尽道关城险，天险要隘在角山。长城倒挂高峰上，俯瞰关城在眼前"，正是对它的真实写照。山海关南部濒临渤海，松岭入海处老龙头，是伸入海中的基岩岬角，有高4米、7米、10米的三级海蚀阶地。

山海关是由关城、翼城、堡城、关隘、敌台、城台和烽堠等不同功能的综合体所构成的一个完整防卫网。关城东部一公里处，有一道由角山余脉延伸至海岸的丘岭高地，岭下有一条纵向的深沟（当地名欢喜岭、流泪沟），同时它又为关城前哨的自然屏障。明嘉靖十四年《山海关志·关》记载："海近岸处多巨石块垒，因筑城入之……城尽处深不可犯。"它成为明初蓟镇长城的东部起点，明初在此设南海口关。嘉靖四十四年（公元1565年），山海关主事孙应元修建屹立于海水中的靖卤台。万历七年（公元1579年），蓟镇总兵戚继光又向海中增筑石城七丈。加之明初所建之宁海城、滨海长城，即形成了扼守陆海要塞的独立防御体系。由于山海关城雄踞山海之间的狭长地带，长城纵贯南北，故成为京师门户。城西有南北流向的石河（古名渝水），又为关城的自然壕堑。外控内制，海防极冲，是兵家必争的战略要地。明万历二十七年，《永平府志·建置》载："山海隶京师，为濒海际边之地。连引长城，控制辽左，盖东北重镇也。故设重关以限内外，列戍卫以严捍御其所。"清光绪二年，《永平府志·形胜》对此论述更为精辟："峭壁洪涛，耸汇南北，束若瓮牖。"

根据《明史》卷九十"兵志二"记载，明初设卫，大率5600人为一卫，1200人为千户所。明嘉靖《山海关志》卷一"沿革"中记载："洪武十四年创建城池关隘，命名山海关，内设山海卫，领十千户所，属北平都指挥使司。永乐中建都燕京，列畿辅，革北平都司，直隶后军都督府。"通过这些记载，不难看出，同是一个时期设置的卫所，作为战略要地的山海关，其兵员超普通"卫"的几倍，而且从洪武至宣德年间，山海关由世勋镇守大臣和都指挥使徐达、耿确、朱冕等在此镇守。另外，还设置正三品的指挥使，从三品、正四品的指挥同知和指挥佥事，以及正五品、从五品的正副千户和卫镇抚，正六品的百户、从六品所镇抚等军事指挥机构。后元远遁塞外，明边"据守关士卒已命撤"，独有山海关远循故事。由此，亦可看到山海关战略位置的险要。

山海关设卫建关以后，洪武年间筑起从北山到渤海蜿蜒7.5公里的边墙，城外还挖了护城河，深沟高垒，扼守在山海之间。山海关地理形势的重要性与它战略地位的特殊性，从而决定了在军事防御建筑上的完整性。所以终明之世，军事防御工程的修建从未间断，形成一系列具有独特风格的防御工程建筑群体。

山海关防御工程以长城为骨干，以山海关城为主体，在南起老龙头，北至九门口长达26公里的长城防线上，凡水路险要之处，建有十余处关隘（南海口关、南水关、山海关、北水关、旱门关、角山关、三道关、滥水关、寺儿峪关、一片石关、九门口），并设守卫屯兵的敌台30座，战台14座，城台48座。外围置有烽燧14座，还有向东、西、西北三条线路延伸供瞭望以及传递敌情的墩台40余座，在长城入海处建有海堡城——宁海城，以及万里长城上唯一的一座海上敌台——靖卤台。

山海关关城依附长城而建，为不规则的方城，它是山海关军事防御组群的中枢。在关城、罗城与长城衔接处，南有靖边楼、牧营楼，北有临闾楼、威远堂，"天下第一关"箭楼雄踞其中。关城四门，均设城楼，外围瓮城，环城为池。罗城外有夹池，东罗城只辟东门为通辽交通孔道，西罗城又成为关城的后卫城。关城南北各一公里处，建有南翼城、北翼城，是屯粮驻兵之所。关城东一公里的丘陵高地上建有威远城，居高临下，是关城的前哨堡垒，四面城墙上下筑有小砖洞二十一个，城门外有小月城，沿城周百步垒三重，构成其本身的防卫网。关东外围前哨有延伸到宁远卫（今辽宁兴城市）起拱卫作用的卫、所、堡城七座。纵观山海关古代军事防御总体布局，它的特点是彼此呼应，前拱后卫，守望相助，互为犄角，布局主次分明，在以冷兵器为主的时代，组成科学的古代城防建筑群体。

山海关长城的建筑结构，平原地带全为条石为基，土筑砖包，高 10 米，宽 8 米。建于山岭上的长城则大部分用块石，有小部分为条石垒砌，就地取材，高 2 至 6 米不等，宽 2 至 4 米，城墙落差有的竟达 6 米。根据地形的差异，建有卫城、关隘、敌台、城台、烽墩等不同形式、不同用途、不同结构的防御建筑设施，是明代万里长城防御体系的缩影。山海关长城不但具备了明长城的普遍性建筑结构，而且具有其他地段无法相比的建筑特点，即入海达七丈的石城以及海上敌台。明长城建筑精华在蓟镇长城，而蓟镇长城中具备完整防御工程群体的精华又在山海关长城。

山海关南海口码头开设的庄港以及通海运时随之而修的庙宇，是山海关古城建筑文化不可分割的一部分。明洪武年间，徐达建关所需物资和建筑材料除靠就地取材外，还需从外地运进。为此，开设了码头庄港，部分急需靠海运完成，以后向辽东转运粮饷兵器，也利用了海运。之后，码头庄港一直发挥了重要的作用。明弘治十五年（公元1502年），右金都御史张嚞巡抚辽东，对此曾赋诗云："依稀西南千艘下，破浪凌风似驱马。"明初伴随海运而修建了天后宫、海神庙、龙神庙（清雍正四年，即公元1726年敕建为永佑寺）等三座庙宇，清乾隆十四年（公元1749年）又敕建北海神庙。

关于山海关流传最广的轶闻，当数吴三桂"冲冠一怒为红颜"引清兵入关的传说。有诗为证：

> 鼎湖当日弃人间，破敌收京下玉关。
> 恸哭六军俱缟素，冲冠一怒为红颜。
> 红颜流落非吾恋，逆贼天亡自荒宴。
> 电扫黄巾定黑山，哭罢君亲再相见。

此为明清鼎革之际，诗人吴伟业回首亡明事，不胜感慨而作之《圆圆曲》。这首广为世人传诵的叙事歌行大意，即镇守宁远的明朝总兵官吴三桂，听到爱妾陈圆圆被攻占北京的李自成农民起义军将领强暴，怒不可遏，不顾民族大义，打开山海关，引导满清军队南下，明朝遂灭亡。

此诗既出，后世文人竞相附会，沈虬的《圆圆偶记》、陆次荣的《圆圆传》纷纷问世。各书内容详略不尽一致，许多情节存在出入，但对"冲冠一怒为红颜"均没有任何异议。不少历史著作也援用这一观点，《明史流贼传》《明亡述略》亦持这一看法，至于《吴三桂演义》

之类的传奇小说则更不待言了，郭沫若的《甲申三百年祭》更使之广为流传。

而当时的实际情况究竟如何？当李自成农民军攻陷北京之时，吴三桂已奉崇祯皇帝之命从宁远撤军，正移驻在山海关，北拒清军，南逼京师。此时，吴三桂手握五十万大军，静观局势的变化。满清曾经派他已经投降的哥哥吴三凤以及舅父祖大寿作说客劝其归附，他没有马上答应；李自成派出降将唐通带人携去金银绸缎相利诱，鼓动其投降，吴三桂亦没有当即拒绝。但是，李自成对山海关的明军以及东北的清兵威胁没有足够重视，而把主要精力放在追赃逼饷上，对明朝官吏严刑拷打。将士抢财物、占房舍的事件屡有发生，明朝皇室宫眷和官僚妻女因不堪受辱而投井、跳河、上吊者比比皆是。吴三桂在举棋观望之际，又惊闻父亲吴襄被农民军虐待，家财也被抄没一空。他深感农民军没有前途，而清军正从沈阳向南猛进，于是，他转而接受清摄政王多尔衮的建议，合兵共剿农民军。促成吴三桂断然作出决定的重要原因在于，农民军对其家人的处置过激，对已经投降的明朝官僚的安置失当，很自然使他想到自己投降后的结果。而清军方面则截然相反，权衡利弊，他很自然就选择了后者，而陈圆圆与此事的关系并不像所流传的那样具有决定性。

《甲申传信录》和《明季北略》关于这一事情有所记述，农民军将领刘宗敏查抄田弘遇府第时，得知陈圆圆已被吴襄买去，便随手杀掉七个家妓，直奔吴襄家中，却又听说已被送往东北宁远。他下令彻底搜查了一遍，终未发现，气急败坏之余，遂将吴襄毒打一顿。曾在南明的弘光朝廷做过给事中的李清在其《三垣笔记》一书中亦载，"闯贼李自成陷京师，传吴帅三桂已上表请降，止因闯党权将军刘宗敏闻三桂所取妓陈沅（即陈圆圆）色艾，陈沅者，田皇亲弘遇游南京所携归名妓也，田还北京病死，三桂使人持千金取沅去。至是，刘宗敏系三桂父襄，索沅不得，拷掠甚酷。三桂闻之，忿而中改，遂募兵七千，据山海关敌自成"。清初谈迁之私家史著《国榷》卷一百载："后（吴）襄入京，三桂请人随襄（入京），（田）弘遇处买沅，即遣人送之平西（三桂时封平西伯）……伪权将军刘宗敏索沅，襄俱言遣送宁远。"可见，农民军陷北京之时，并不曾有陈圆圆受辱之事。吴三桂的"冲冠一怒"更着眼于报君父之仇这种政治伦理。当初他与唐通谈判时，提出的唯一条件也只有五个字："得东宫即还。"其他只字未提。此种根深蒂固的忠孝观念在吴三桂给父亲吴襄的复信中流露得淋漓尽致："侧闻圣主晏驾，臣民戮辱，不胜眦裂。犹忆吾父素负忠义，大势虽去，犹当奋椎一击，誓不俱生。不则刎颈阙下，以殉国难，使儿缟素号恸，寝戈复仇，不济则以死继之，岂非忠孝媲美乎！何乃隐忍偷生，训以非义……父既不能为忠臣，儿亦安能为孝子乎？儿与父诀，请自今日。父不早图，鼎俎以诱三桂，不顾也。"家仇国难，字字可见。

细细揣摩吴三桂的"冲冠一怒为红颜"，似乎文人墨客的渲染夸张成分居多。对此，清人全祖望所作的评判似乎更加中肯，"吴逆（三桂）进退俱失，无所置辩。至谓其以陈沅故叛闯，则亦近乎下流之归"。全祖望此言究竟是为了替亡国之君挽回颜面呢，抑或是为陈圆圆主持公道？现在已不得而知了。而无论如何，全祖望将那些杜撰此事的人斥为"下流"，则应该是不算过分的。

（八）梅关：岭海重险 直达海南

断头今日意如何,创业艰难百战多。

此去泉台招旧部,旌旗十万斩阎罗。

南国烽烟正十年,此头须向国门悬。

后死诸君多努力,捷报飞来当纸钱。

投身革命即为家,血雨腥风应有涯。

取义成仁今日事,人间遍种自由花。

(陈毅《梅岭三章》)

梅关的由来与变迁

梅关置于梅岭之上。梅岭与梅关之所在,历来多有争议,孰是孰非,难以一概而论。关于"梅岭"之得名,通行的说法是"梅岭因多梅而得名"。古时此地不仅梅多,而且梅奇。但是,中国古人喜爱梅花,因而,在神州大地之上,被称为"梅岭"的地方就不止一处了。清朝学者阮元主编的《广东通志》对梅关之得名则言:"梅岭只以多梅之故,或谓以梅鋗得名,殆未足据。"通常人们认为梅岭是因梅树繁多著称,或者因为梅鋗(音宣)而得名,这在阮元等学者看来都未必是完全正确的。

而梅鋗何人?据宋人欧大任所撰《百越先贤志》记载,梅鋗是秦汉之际的一位越人名将。"梅鋗,越人,其先越王子孙也。"后梅氏南迁,"至台岭家焉,乃筑城浈水上,奉王居之,谓之梅将军城,姓其台岭曰梅岭"。梅鋗在覆秦战争中,立下赫赫战功,被封侯,其事迹在《史记》《汉书》等典籍中均有记载。而台岭就是今天的大庾岭。应该说，梅鋗的出现与梅岭的认知，与岭南地区的早期开发有关。自越人南来开发后，接着中原汉族几次向岭南大迁徙，梅岭成为南迁人民的一个落脚点，一批一批人北来，一批一批人南去，中原文化逐步在梅岭生根开花，并向岭南传播开去。

仅据《太平寰宇记》、雍正《大清一统志》等典籍的记载，历史上较为出名的梅岭就有以下几处：

1. 江苏南京地区有"梅岭冈"："梅岭冈，在（江宁）县南九里，周回六里。《舆地志》云：在国门之东，晋豫章太守梅颐家于冈下，故民名之。"[①]

2. 安徽桐城有"梅岭山"。"梅岭，在桐城县东南一百十里，亦名默林山。"[②]

3. 浙江衢州一带有梅岭。"梅岭，在龙游县北五十里，与寿昌县接界。"[③]"梅岭，在寿昌县西南四十里，接龙游县界，一名梅峰。"[④]

---

① 《太平寰宇记》卷九十。
② 《钦定大清一统志》卷七六，《景印文渊阁四库全书》。
③ 《钦定大清一统志》卷二三三。
④ 《钦定大清一统志》卷二三四。

4. 浙江龙泉一带有大、小梅岭。"大梅岭，在龙泉县南七十里，与小梅岭相连，俱接庆元县界。"①

5. 江西赣州地区也有梅岭。"梅岭，在（南丰）县西南一百三十五里，与虔州虔化县分界，有梅岭水出焉。"②

应该说，上述各处"梅岭"所在地集中于江南地区。有的"梅岭"之所以为世人所关注，是出于特殊的缘由。如浙江龙游与寿昌县一带的"梅岭"之所以闻名，就是因为处于交通要道之上：

> 南宋时，凡闽、蜀、江西、荆湖、二广、云南、八番、海外诸国来者，皆经其下，为入杭要道，元亦为戍守处，明时乃取道兰豁（今兰溪市）。③

在中国历史地理上，最早、最出名的"梅岭"名称出现于古豫章郡（治今江西南昌市）境内。《史记集解》

---

① 《钦定大清一统志》卷二三六。
② 《太平寰宇记》卷一一〇《抚州南丰县》下。
③ 《钦定大清一统志》卷二三四"严州府"下。

称:"案今豫章三十里有梅岭,在洪崖山,当古驿道。"《史记正义》引《括地志》云:"梅岭,在虔化县(今江西宁都县西)东北百二十八里,虔州,汉亦属豫章郡。"[1]宋人乐史所著《太平寰宇记》同样记载:"梅岭,在(虔化)县北一百二十里。汉时,闽越反,汉使诸校屯梅岭,即今邑界。"[2]乐史在此已经指出,此处梅岭在江西省宁都山东北,之所以出名,正是因为汉朝军队曾经驻扎于此,并穿过梅岭,消灭闽越反叛势力。此处梅岭很早就是风景名胜。如据《方舆胜览》记载:"梅岭在西山极峻处,相传梅仙弃官学道于此。"而西山就是洪崖山,是当地著名的景区。洪崖山"去郡三十里。杨杰记:西山洪崖在翠岩、应圣宫之间,石壁峭绝,飞泉北来,其下井洞,深不可测。每岁六七月时,水高一二丈,湍激可畏,其傍人语不相闻"[3]。时有古诗云:"岚烟蒸湿同梅岭,地脉逶迤接赣城。"[4]

---

[1] 参见《史记》卷一一四《东越列传》注释。
[2]《太平寰宇记》卷一〇八《虔州虔化县》下。
[3]《方舆胜览》卷一九。
[4] 引自《方舆胜览》卷一三。

然而,后来更加出名的"梅岭"当然还是指大庾岭。晋人所编的《南康记》一书云:"庾岭多梅,亦曰梅岭。"那么,梅岭即为"庾岭"的代称。大庾岭是著名的"五岭"之一。《白氏六贴》也记载:"庾岭多梅,南枝既落,北枝始开。"秦朝灭亡后,南海郡尉赵佗出兵兼并桂林、象郡,自立为"南越王"。汉高帝派遣陆贾招抚赵佗,并继续封立赵佗为南越王。佗死后不久,南越丞相吕嘉反,汉武帝遣将分五路下南越,楼船将军杨仆出豫章,下浈水(即浈江),副将庾胜攻下了横浦关,并戍守关内外一带,后人为纪念庾胜功绩,称"大庾岭"。因庾胜兄弟二人戍守台岭,庾胜为长,故称"大庾"。《方舆胜览》又记载:"梅岭在始兴,即大庾岭,一名塞岭,在五岭东。"[1]此处"梅岭",在今天江西大余县与广东南雄市之间。

无论是古豫章郡的梅岭,还是大庾岭,两者之间的空间距离其实并不太遥远,均在今江西省赣州市境内,

---

[1]《方舆胜览》卷三七《南雄州》下。

然而，它们在历史时期的意味有不同。梅岭之所以受到人们的高度关注，以及梅关的重要地位，均与其在中国军事地理上的重要作用有关。

大庾岭上的横浦关，应该被称为最早的"梅关"，俗称"小梅关"。横浦关在今天大庾岭东南四十里的小庾岭上，而这里也是最早阻止北方军事力量南下的关口之一。秦朝末年，南海尉赵佗曾经檄告横浦等关："盗兵且至，急绝道，聚兵自守。"[1] 后来，越将梅鋗曾经举兵穿越梅岭横浦关，随从诸侯入关破秦，为汉王朝的建立出力不少。汉朝军队南下，横浦关也是必经之路。汉武帝元鼎六年（公元前111年）遣楼船将军杨仆率师讨吕嘉，"出豫章，下横浦为正兵"。

梅岭与梅关作为"一关隔断南北天"的险要之地，历代均有烽烟于此燃烧。而正如梅关古联所言，"不必定有梅花，聊以志将军姓氏；从此可通粤海，愿无忘宰相风流"。从汉至唐，梅岭只有岭之称，而无关之名。其

---

[1]《史记·南越列传》。

后，随着历史的推移，梅岭逐渐成了梅关所在的古台岭独座山头的习惯性称谓。唐代张九龄开古道，也只言开道而不言筑关。

"梅关"之设置，离不开梅岭古道。据记载，梅岭古道是唐开元四年（公元716年）张九龄奉唐玄宗诏令而开的。在此之前，虽有山道，但因年久失修，不堪行走。正如张九龄《开大庾岭路记》所说："岭东路废，人苦峻极。""以载则曾不容轨，以运则负之以背。"交通孔道与当时经济文化发展的要求已经很不适应了。开元年间的唐王朝，经贞观以来近百年的励精图治，与海外通商日益频繁，岭南有其沿海之利，商业已经相当发达，当时广州已成为最大商港。东南亚、阿拉伯诸国商人、使者，多从海上到广州，越梅岭而上长安。在这种情况下，开凿梅关古道以利南北交通，显得非常迫切。开元四年，在朝廷门下省任左拾遗（八品谏官）的张九龄，因直言得罪当朝者，辞病告归。当他经过梅岭时，见岭道"峭险巉绝"，行走困难，便给唐玄宗上了一道奏章，建议开辟岭道，改善南北交通。唐玄宗看过他的奏章，很是赞赏，当即诏令张九龄开辟岭道。

关于梅关古道的凿通，张九龄之《开大庾岭路记》有着颇为详尽的记述：

> 先天二载（713年），龙集癸丑，我皇帝御宇之明年也。理内及外，穷幽极远，日月普烛，舟车运行，无不求其所宁，易其所弊者也。初，岭东废路，人苦峻极，行径夤缘，数里重林之表；飞梁嶪嶭，千丈层崖之半。颠跻用惕，斩绝其尤。故以载则曾不容轨，以运则负之以背。而海外诸国，日以通商，齿革羽毛之殷，鱼盐蜃蛤之利，上足以备府库之用，下足以赡江淮之求。而越人绵力薄材，夫荷妻戴，劳亦久矣，不虞一朝而见恤者也。不有圣政，其何以臻兹乎？开元四载冬十有一月，俾使臣左拾遗、内供奉张九龄饮冰载怀，执艺是度，缘磴道，披灌丛，相其山谷之宜，革其坂险之故。岁已农隙，人斯子来，役匪逾时，成者不日。则已坦坦而方五轨，阗阗而走四通，转输以之化劳，高深为之失险。于

是乎锯耳贯胸之类，殊琛绝赆之人，有宿有息，如京如坻，宁与夫越裳白雉之时，尉佗翠鸟之献，语重九译，数上千双，若斯而已哉！凡趋徒役者，聚而议曰："虑始者，功百而变常；乐成者，利十而易业。一隅何幸，二者尽就；况启而未通，通而未有，斯事之盛，皆我国家仁泽寖远绝垠，胥洎古所不载，岂可默而无述也。盍刊石立纪，以贻来裔。"是以追之琢之，树之不朽。

宋代文豪苏东坡晚年被诬害贬逐惠州，然后再谪儋州。在宋徽宗建中靖国元年获释北归，贬逐岭南历经七年，在南谪和北归途中，他在梅岭留下几段传唱久远的故事。《清波杂志》记载一事：北宋绍圣元年（公元1094年），苏轼被贬谪惠州时，经过梅岭。到达钟鼓岩洞真观，于林麓间见二道人，见坡即避入茅舍不出。坡谓押送使臣曰："此间有异人，可同访之。"既入，见茅屋数间，二道人在焉，意象甚潇洒，顾使曰："此何人？"对以"苏学士"。道人曰："得非子瞻乎？"使臣曰："学士以文章得，终以文章失。"道人相视而笑曰："文章岂能解荣辱，富贵从来有盛衰。"坡曰："何处山林间，无有道之士乎？"东坡于鼓岩壁上题写"诸仙岩"三巨字，如今字迹犹存。

公元1275年，南宋都城临安（即今浙江杭州市）被攻陷，恭宗投降。益王在福州即位，是为端宗。右丞相文天祥开府招兵，张世杰传檄勤王，派遣广东制置使出兵梅岭抗御元军。十月，元军统帅张荣实率兵进攻梅岭。熊飞、曾逢龙出兵与战。曾逢龙是新会县令，熊飞是东莞勇士。两人率兵在梅岭力战元军，终因寡不敌众，逢龙战死，熊飞败走韶州。元兵乘胜大举越岭攻打韶州，熊飞率兵巷战，身被数创，赴水而死，元兵遂进取岭南。

公元1278年12月，元将张弘范派重兵押送文天祥赴燕京，取道梅岭，至南安军，锁于舟中。文天祥无限悲愤，决心绝食，以死报国。当时尚作诗两首，表达了自己的无奈和悲怆。其中一首云："梅花南北路，风雨湿征衣。出岭谁同出，归乡如不归。山河千古在，城郭一时非。饿死真吾志，梦中行采薇。"另一首云："短日行梅岭，天门郁嵯峨。江西万里船，归期无奈何。"赴京后，文天祥坚强不屈，被杀于柴市。

由于宋代政治中心的南倾，梅关古道的地位愈益明显，作为古道上的门户——梅关自然地位非常重要。基于此，至宋嘉祐八年（公元1063年），蔡抗、蔡挺兄弟分别作广南东路东转运使和江南西路提点刑狱，乃相与谋划，分别由南北对进，修筑大庾岭驿道。

在梅关关楼的左壁，立有一块"青天一线"碑刻，右侧碑刻"岭南锁钥"四个大字。距关楼百余米处，立张九龄《开大庾岭路记》以及七绝二章石碑。上述三处碑刻，在清末民初均被战火所毁。明成化十九年（公元1483年），南雄知府江璞在此修筑关楼，并定名为"岭南第一关"。尔后，南雄历代州、县几乎都有修葺关楼之举。明万历年间，南雄知府蒋杰在关楼上立匾题刻，南面为"岭南第一关"，北面为"南粤雄关"。

梅关在平时，粤、赣两省都在各自边界设有塘、铺（即关卡、哨所）。据列入《文渊阁四库全书》的《广东通志》"关隘篇"云："保昌县（即南雄县。时为南雄府，保昌县附郭）横浦（即梅关），两岸壁立，关隘险峻，设巡司盘诘。"清代，在梅关设有梅岭塘，派士兵守戍，归属南雄红梅司。据清朝同治年间名人杨廷桂著《南还日记》称，"南安至南雄过关后，十数武（武即步也）为梅岭塘，有桂角寺于山巅"，梅岭塘墙基遗址尚存。

梅关的景观与文化

梅关，距今广东南雄县城30余公里，其两峰夹峙，虎踞粤赣交界之梅岭绝顶，如同一道城门将广东、江西两省隔开。在古代沟禁未开，平时为南北商旅必经之地，战时为军事必争之地，素有"岭南第一关""南粤雄关"之誉。关于梅关的高亢险峻，历代士宦游客，登庾岭后，多有吟咏，如"江险闻瞿塘，山险最庾岭""高攀一线岭，下瞰百蛮天""一岭划寒暖，过者仰泰山"。清代嘉庆年间，知州罗台章则在修葺梅关关楼碑记中称赞："粤东之有梅岭，犹七闽之有仙霞，川蜀之有剑门，秦陇之有潼关也。"梅关形势之险要亦可由此窥探。

梅关所在之梅岭,横亘广东、江西两省之间,绵延两百多公里,"居五岭之首,为江广之冲""枕楚跨越,为南北咽喉"。梅岭,古称台岭,为浈江上游发源地,"南控北粤,北扼三江"。又因居五岭之东首(五岭即大庾岭、骑田岭、萌渚岭、都庞岭、越城岭),所以又叫"东峤岭"。在秦代以前,五岭之南属南蛮之地,车马不通,人迹罕至。清朝钱塘进士袁枚有诗曰:

南戒一岭横,拔地三百丈。想见赵尉佗,借此作屏障。
楼船十万师,到此气凋丧。一朝虽扫除,王道未坦荡。
直至曲江公,蚕丛始开创。峨峨双阙门,尚存斧凿状。
树密岚翠涌,人多云气让。蛇盘不觉险,鹄立始惊壮。
过此路渐夷,天容如一放。尚有八九峰,孤蹲野田上。

梅岭古道从梅关向南北两边蜿蜒而下,北接江西章水,南连广东浈水,好像一条彩线,把长江和珠江连接起来了,形成一条水陆联运的交通线,乃古时连接长江与珠江水系陆路最短的交通要道。历史上不少中原士宦、豪门望族,由此道迁入岭南,灿烂的中原文化也由此道播入南粤。在开发岭南的历史上,梅岭古道起到重要的作用。

自唐张文献公开辟梅关古道以后,特别是两宋建都汴京(今河南开封)和临安(今浙江杭州)以后,全国的政治中心转向中原和江淮。自此,梅关古道也变得更加兴旺繁华了。梅关古道,"内接京师,外通岛夷,朝贡使命,岁无虚日",来往古道的商旅和挑夫,仅过北者日有数千,史称古道"商贾如云,货物如雨,万足践履,冬无寒土"。清朝大学者朱彝尊度岭时有诗一首:

> 绿榕万树鹧鸪天,水市山桥阿那边。
> 蜒雨蛮烟空日夜,南来车马北来船。
> 浈江西下墨江流,来雁孤亭春复秋。
> 十部梨园歌吹尽,行人虚说小扬州。

为什么称南雄似"古扬州"那样繁华呢?当时中原、

江淮与岭南的往来，主要有三条通道：一是出零武（今湖南零陵）下漓水（今广西漓江），经桂州（今桂林市）；二是出豫章（今江西）下浈水（今南雄浈江），经韶州；三是出桂阳（今湖南）下武水（今乐昌县武江），亦经韶州。但以上述第二条，即经江西大庾走浈江水道最为便利。因为可借助天然的长江、赣江和隋唐时期的漕运渠道，出了京都便可"沿汴绝淮，由堰道，入漕渠，沿大江（即长江、赣江）渡梅岭下浈水至南海之东西江者，唯九十里为马上之役，余皆篙工楫人之劳，全家坐而至万里。故之峤南虽三道，下浈水者十七八焉"。即从中原、江淮经梅岭去广州，虽有万里之途，但陆地行走不过百里，其余多赖水路舟楫与船夫之功，所以，南雄梅关古道当时必然十分繁盛。

开辟便利的交通，就是为着贸易通商、文化传播和战争的需要。张九龄在《开大庾岭路记》中写："海外诸国，日以通商，齿革羽毛之殷，鱼盐蜃蛤之利，上足以备府库之用，下足以赡江淮之求。"唐、宋以至元明时期，南渡的谪宦和文人学士更多地取道梅关古道，大到有名气的苏东坡、宋之问等，小至一般的乡贤士宦。相传清代，广东出现的"七尸八命"案的苦主梁天来，也是从这古道偷出"梅关"上京三告林桂兴的。据史料记载，可知当时百里梅关古道的繁荣盛况："长亭短亭任驻足，十里五里供停骖。蚁施鱼贯百货集，肩摩踵接行人担。"每天不下万人经过梅关古道。据《宋史·食货志》载，宋嘉祐以来，赣州（治今赣州市）多食广东盐，每年经梅关孔道运往的食盐达500万至1000万斤。尽管当时虔州官员屡次下令罢运广盐，但因虔州官办的淮盐"卤湿杂恶，轻不及斤，而价至四十七钱"，而岭南人贩入之广盐，以半斤当一斤，纯白不杂，卖钱二十，故虔人尽食岭南盐。直至清末，五口通商后，每年运销赣埠的食盐仍维持三四万引（相当于1000万斤）以上，以每人挑80斤计，两天来回一次，每天仅运盐伕力达1000人以上。再者，从中国上古时期推行的与国际贸易交织在一起的朝贡制度看，一个国家的使团及其伕力人数，经梅关古道者常常达数千人。1658年，约翰·尼霍夫著《荷使初访中国记》谓：1655年，荷兰使团往北京朝贡的货物，经广州整装后，由五十艘船组成，从广州经北江上溯浈江。在南雄上岸后，当地政府征派了九百名伕力，将朝贡货物由梅关古道运经江西省大余县，下赣江、入长江，经古运河到达北京。该书作者还援引16世纪法国外交官恩波于亚记述梅关古道当年的繁盛情况："直到本世纪初（16世纪初），尚有不下五万背夫在此借搬运为生。"

梅关古道的重要地位，使历代官府人士对其多有重视，多有增建补修。规模较大的缮修工程，要算公元1446年，即明正统十一年，南雄知府郑述用石砌古道，并在道旁补植松梅。明正德年间，布政使吴廷举也很积极地增植道松，自称"十年两度手栽松""种得青松一万株"。到明末清初，经八百多年的松树增植，古松夹道，形如虬龙，竟成雄州一景，称之为"官道虬松"。陈嘉谟咏梅岭松诗云："郁郁凌云气，岩岩耸壑材""不风能避暑，即雨亦衔杯。"可见那时松树之高大茂密了，明人林坛亦有诗云："袅袅受风斜，矗矗挂天直。偃蹇浑璃龙，兼成覆地幕。冰雪挺严威，孤雄仍黛色。行人憩道旁，那识张公力。"清人杭世骏在《梅岭》一诗云：

> 绝险谁教一线通？雄关横截岭西东。
> 捎天路回盘蛇细，拔地峰奇去雁空。
> 戍草乱侵萧渤垒，阵云遥堕尉佗官。
> 荒祠一拜张丞相，疏凿真能迈禹功。

直至清末，广东与朝廷的多次公文往来，也称南雄已修建梅关及其岭下的祠宇。如光绪十八年（公元1892年），广东学政徐琪向广东巡抚部院报告《咨呈礼部关于已捐廉修葺好张九龄祠宇文稿》，其中称："南雄州为庾岭门户，其旧岭路在东，近日所经，皆唐臣张九龄所开。岭下旧有祠宇近亦失修。且明邱浚有《重修张九龄路碑记》，已阑入民居，复经访得，皆次第捐廉，交给各地方官，会同各学校官，妥为修葺。"证明当时人们对于梅关一关的历史文化建筑进行了修缮与重建。

不管梅岭是否因为梅花而得名，但梅关确实因梅花之多、奇而誉满于世。据《南雄府志》记载："十二月，霜雪降，池始冰，岭梅初放。"每当岭梅怒放时节，不少诗人墨客前来踏雪寻梅，不少旅人游子到此折梅赠别，"庾岭寒梅"为岭南佳景之一。梅岭梅花有着与众不同的特点。府志载："庾岭梅花微与江南异，花颇似桃而唇红，亦有纯红者。岭上累经增植，白者为多。"这是特点之一。其二是，由于岭南岭北气候的明显差异，出现了南枝先开、北枝后放，界限分明的奇景。因此，梅岭的梅花特别动人。花开时节，由岭北到岭南的人，过梅岭时，总要折枝梅花寄回家乡，以表达对家乡的怀念；由岭南回岭北的人，过梅岭时，也要折枝梅花带回家去，表示对岭南的留恋。折梅寄赠，已经成一时风气。最早的要算三国时吴国的儋耳太守陆凯，他带着军队走马上任，在戎马倥偬中登上梅岭，不忘折梅赠亲友。他寄范晔诗云："折梅逢驿使，寄与陇头人。江南无所有，聊赠一枝春。"元至元年间右丞相伯颜，曾率师平定岭南，完成任务后回岭北去。他踌躇满志，登上梅岭，也不忘折几枝梅花带回去。他的《度梅岭》诗云："马首经从庾岭归，王师到处悉平夷，担头不带南关物，只插梅花一二枝。"

庾岭寒梅以其特有的丰姿吸引了历代著名诗人,他们写下了不少咏梅佳句。北宋著名文学家苏轼,登梅岭赋诗云:"梅花开尽百花开,过尽行人君不来。不趁青梅尝煮酒,要看细雨熟黄梅。"他从岭上梅花到古道行人,对梅花花开花落、梅子成熟都作了生动描绘。南宋著名道学家朱熹云游岭南,在梅岭正逢梅花开放,写了一首《登梅岭》:"去路霜威劲,归程雪意深,往还无几日,景物变千林。晓磴初移屐,寒云欲满襟。玉梅疏半落,犹足慰幽寻。"这又是一幅美丽的探梅图。江湖诗人戴复古是浙江天台人,他曾长途跋涉,到梅岭赏梅。他的《题梅岭云封四绝》云:"东海边来南海边,长亭三百路三千。飘零到此成何事,结得梅花一笑缘。"可见他对梅岭的梅花是何等向往。唐宋年间,统治者把岭南作为流放刑徒之地,不少有识之士因罪流放岭南,当他们度过梅岭时,面对梅花,更是触景伤情,留下感人的诗篇。唐初诗人宋之问因罪贬泷州(即今之罗定县),又流放钦州,曾多次过梅岭,写下一首《度大庾岭》,诗中有云:

"度岭方辞国,停轺一望家。魂随南翥鸟,泪尽北枝花。山雨初含霁,江云欲变霞。但令归有日,不敢恨长沙。"悲伤之情跃然纸上。

但是,梅岭之梅也并非长盛不衰,大概到了明初,梅岭的梅花就有些衰败了。对此,诗人体现出特有的敏感。早在明武宗正德年间,布政使吴廷举《庾岭》诗就曾云:"梅岭无梅已百年,暗香疏影阁吟笺。"嘉靖学士黄佐亦有诗云:"十年旧路生秋草,长忆寨梅绕树花。"大学士邱琼山也曾带着满腹疑团写了一首度岭诗:"当年未过梅关上,但说梅关总是梅。今日过关堪一笑,满山荆棘野花开。"肇庆推官吴百朋度梅岭时,看不到梅花,很是失望,他作《度庾岭》诗说:"即令陇头逢驿使,相思那得有梅传。"而当我们翻开明清梅岭诗来看,咏松的不少,而咏梅的确实大为减少。显然,这是因为岭梅衰败的缘故,人们只好把"岁寒心事寄乔松"了。梅岭的梅花为什么会衰败呢?南雄知府陆世楷分析的原因是"岭道迢迢,既难培养,而行人攀折,未便护持"。如果仅因路人折梅而衰败,由此亦可窥测出梅关古道作为陆路要冲,过往旅客之稠密!

梅关南150多米的古道旁西侧有六祖古庙,此古庙是禅宗南宗六祖惠能被困脱险处,后来,惠能弟子在此建庙纪念。该庙高3米余,宽5.8米,进深5.6米,总面积32.48平方米为青砖木瓦结构。庙内的南面是放钵石,六祖惠能在此放过袈裟,且在该处下坎,惠能用四指挖出清泉解渴,该泉水一直长流至今,故称"六祖泉"。

漫步登上梅关古道,距雉鸡嵊村百余米处,有一间来雁亭。古代,北雁南飞过梅岭,成群北雁投宿路旁的企崖石,人见雁多,遂呼之"来雁亭"。宋工部尚书余靖曾在此赋诗多首,其中一首曰:"南方旧说无燕雁,岁序严凝亦暂来。天外每随寒雨过,春前先逐暖风回。人稀弋射赠休避,俗厌鱼餐网莫猜。况是弟兄封境接,登临因此几徘徊。"此亭历经沧桑,已毁,现存来雁亭为当代重建。

原来在梅关南端80余米东侧有封古寺,俗称挂角寺。此寺建于唐朝,时名梅花寺。宋大中祥符三年(公元1010年），改称云封寺。宋张士逊《云封寺》云："百越回辕度翠微，全家还憩白云扉。白云知我帝乡去，旋拂征鞍也要归。"此处辟石数丈成之寺门，门上方匾额石刻"云封古寺"。该寺坐北朝南，是一座古色古香的建筑，历代均有修葺，可惜现已被拆毁。

著名女革命家何香凝，1926年秋，北伐经大庾岭，见梅盛开，有感而作。《咏梅》一诗云："南国有高枝，先开岭上梅。临风高挺立，不畏雪霜吹。"此诗彰显出老一辈革命家的高尚情怀。

九 娘子关：三晋门户 护佑京畿

并州之山水所汇,

骇浪几轰山石裂。

只知晋阳城西天下稀,

娘子关头更奇崛。

(金)元好问《游承天镇悬泉》

娘子关的由来与变迁

"娘子关"之得名缘由,历来说法不一。"娘子关"之名,最早见于金代诗人元好问的《游承天镇悬泉》:

"并州之山水所泲，骇浪几轰山石裂。只知晋阳城西天下稀，娘子关头更奇剐。"而顾祖禹《读史方舆纪要》声称：苇泽关"即唐之承天军，俗名'娘子关'，以妬女祠而得名"。也就是说，"娘子"亦即传说中的"妬女"，而娘子关又由苇泽关延续而来，至少唐代之前就已经存在了。

妬女，相传为春秋时代介子推的妹妹。传说记载，介子推曾经跟随晋公子重耳逃亡，在外避难十九载，风餐露宿，饥寒交迫，备尝"险阻艰难"。在重耳粮尽被围之际，介子推又割下大腿上的肉让其充饥。后来，重耳返国即位，是为晋文公。时值宗室内乱，"未尽行赏"，"是以赏从亡者，未至隐者介子推"。对此，介子推没有像壶叔（一名陶叔狐）那样主动请赏，而是隐匿于娘子关一带的绵山之中。后来，晋文公醒悟，亲自带人去请介子推，介子推仍坚辞不就。无奈之下，晋文公就焚烧山林，以期逼出介子推，而介子推矢志不移，最后，他背着老母，在一株枯柳下被大火烧死。事后，晋文公非常伤心，为纪念介子推，遂下令这一天"禁火而食"，久而久之，风俗渐成，是为所谓"寒食节"之由来。而介子推之妹介山氏同样性格刚强，她深感民生艰难，意欲改变"寒食"之俗。遂于冬至后一日积薪，至第二年，寒食节放火烧掉，"百日积薪，一日烧之"。后人于其兄"介子庙"旁修建了"妬女祠"，以供后世凭吊，而与"妬女祠"相近的关隘，也被俗称为"娘子关"了。

时至唐代，"妬女祠"的方位已经十分明确。《元和郡县图志》的"辽州"下记载："泽发水，一名皁浆水，亦名妬女泉，源出（乐平县）县东北。"又"妬女祠，在县东北九十里泽发水源"。

当然，关于"娘子关"的来源，在当地民间流传更为广泛的，是唐代平阳公主亲率"娘子军"于此驻防戍守的说法，清朝《大清一统志》和光绪《平定州志》皆采用此说。

平阳公主，唐高祖李渊之第三女，隋末皇都（东都）侍卫官柴绍之妻。《旧唐书》记载，"义兵将起，公主与绍并在长安，遣使密召之。……起兵以应高祖……公主掠地至盩厔、武功、始平，皆下之。每申明法令，禁兵士，无得侵掠，故远近奔赴者甚众，得兵七万人。公主令间使以闻，高祖大悦"。公主为唐朝的建立，立下汗马功劳，受到唐高祖的高度赞赏。"时公主引精兵万余与太宗军会于渭北，与（柴）绍各置幕府，俱围京城，营中号曰'娘子军'。京城平，封为平阳公主，以独有军功，每赏赐异于他主。"

在当地晋人心目中，平阳公主麾下之"娘子军"更具能征善战的风范，个个武艺高强，英姿飒爽，攻城拔寨，所向披靡。后来，平阳公主又曾一度率领"娘子军"戍守苇泽关，更使雄关固若金汤，北边游牧部族不敢跨越太行山一步。由此，平阳公主深得时人敬仰，"娘子关"之名亦逐渐取代"苇泽关"了。

明代王世贞曾作诗咏赞此事：

夫人城北走降氐，娘子军前高义旗。
今日关头成独笑，可无巾帼赠男儿。

清人王祖庚《娘子关》一诗又云：

娘子军容讲武台，雄关嶙屼倚山隈。

城临苇泽湍流急，寨望承天曙色开。

从先秦的介子推之妹，到唐代的平阳公主，两位巾帼英雄的非凡举动使我们领略到娘子关雄浑背后的神韵，而作为军事防御工事，娘子关地区不仅存在一个关口，而是寨垒丛集，关卡重重，作为山西高原向河北平原交通的关键点，这里经历了更多惊心动魄的战争风云。

东汉中平元年（公元184年），董卓因拒韩遂有功，被征为并州牧。待董卓巡访，路经此地时，见山势险峻，可凭险为关，遂派兵驻守，修筑工事，这个防御工事，后来即被称为"董卓垒"。清朝光绪《平定州志》载："今郡东北九十里，称董卓垒，未详其故。"如今，当地尚有董寨村，据说，该村民众即为当年守军将士的后裔。

北魏时，始置苇泽关。隋开皇十六年（公元596年），设苇泽县，县以关名。隋大业三年（公元607年），废苇泽县，隋大业十三年（公元617年）复置，属井陉郡，至唐贞观元年（公元627年）又废。至今，山西平定县境内尚有一村，名曰"苇泽关"，盖缘于此。

唐大历元年（公元766年），河东节度使张奉璋奉命在苇泽关之西筑城驻兵，唐代宗李豫赐名曰"承天"，并置承天军。宋代因之，建承天寨。明代为承天镇，嘉靖二十一年（公元1542年）因边患频仍，重修城堡，专设守备把守。清代又建"固关营"，分设把总驻守。

时至明代，北方蒙古骑兵屡屡侵入山西，向东频叩京畿大门。而在此时，明廷苦心经营的娘子关已不再是为了防东，而是为了御西，即防止敌人从山西经"井陉"要道侵入京畿，明修关城时，南门上题额"京畿藩屏"即为明证。由于娘子关易守难攻，便使蒙古兵虽屡犯紫荆关等地，但不敢轻易向此处进犯，从而保卫了明京畿南部一时的安定。不过，到明末崇祯十七年（公元1644年），李自成领导的部分起义军自长安入山西，占领太原后，即向娘子关进发，经过与明朝守关将士的鏖战，终于叩关未成，抱恨北行，取道晋北进京。

在娘子关的战史上，最令我们今人难以忘却的，应该是 1901 年法德联军的进犯。光绪二十六年（公元 1900 年），八国联军攻陷北京后，以北京为基地，派兵扩大侵略。1900 年 8 月，联军分别从北京和天津出发，沿芦汉铁路向南进犯，占领保定，向南又推进至正定。1900 年 12 月，法德两国军队由正定向西出兵获鹿，清朝军队刘光才退至娘子关、固关一带。1901 年农历三月初三日，法国提督巴尧由获鹿起行，德国提督欧贝由平山起行，共率马步大队万余人，大炮数十尊，风驰电掣地于初四日会师井陉城。初五日黎明，兵分乏驴岭、核桃园，南北障城三路进攻固关、娘子关。守军刘光才部坚韧固守，英勇抗击，无奈腹背受敌，伤亡严重，娘子关失守，法德联军亦受到重创。法德侵略联军占领娘子关后，烧杀抢掠，肆无忌惮，附近村民受到极大的伤害。

娘子关村现存的一通石碑碑文记载了这次法德联军的恶行。该碑碑文内容分两个部分，一是当时平定州的知州密昌墀于娘子关劫后吟成的一首诗《饮绵水上流》；另一部分就是记载当时法德联军攻破苇泽关（现娘子关）时的内容。今移录碑文如下：

饮绵水上流

清绝绵泉水，临流手自斟；

欲澄民俗洁，先濯使君心。

密昌堽留刻

辛丑暮春三月，夷骑数出北峪口，逼关窥探，而武功军丧心不备，五日卯刻，乘虚攻破苇泽关，未刻破旧关，炮雷弹雨，血肉狼藉，凄惨不堪言状。八日，夷骑退，溃勇莠民，遂蜂起抢掠。维时四野亢旱，流言骇闻，人心皇皇，朝不谋夕，几不知斯土之祸乱伊于胡底也。幸我州太守吴□（缺字）匡闻警，星夜奔驰，于九日抵州，枭除群鼠，力拯哀鸿。州尊密公于十二日兼程东下，甘雨随之。越十日奉令来关，兵燹余生，获睹天日，用是谣言息，强暴戢，四民乃□（缺字）有生机，公于劝耕之余，偶尔掬饮源头，吟成一绝，父老谨记不忘，爰刊石以当甘棠之遗爱云尔。

鸿胪寺序班杨藻述事，民保正马希宝经理。光绪二十七年五月朔日勒石。

直至抗日战争时期，日寇进犯山西，娘子关再起战火。1937年10月，日军在平型关惨败后，经过调整部署，继续进攻，急欲吞并山西。国民党军队的长城防线立即土崩瓦解。10月10日，日军逼近忻口，国民党集中8万兵力，由第二战区副司令长官卫立煌任前敌总指挥，组织忻口会战。同时在娘子关以数万兵力设置防御阵地，阻敌由正太路西进。为配合国民党军作战，八路军三个师的部分兵力也投入对日军的战斗。正当日军向忻口地区进攻之际，沿平汉铁路南犯之敌占领石家庄后，以主力沿正太路西犯，企图配合同浦路方向之敌会攻太原。娘子关地区的国民党军队在日军进攻面前纷纷溃退，晋东南地区十分危机。这时，八路军115师由五台山地区驰援正太线，129师亦向娘子关南挺进。129师先后在长生口、东石门等地，以袭击、伏击和阻击等手段，给日寇以严重打击。115师主力进至正太路以南地区时，正太沿线国民党已经完全溃乱,日寇占领了娘子关。国民党军队在丢失娘子关以后,又放弃忻口。日军长驱直入,11月8日,太原失陷。

1940年8月,在八路军发起的举世瞩目的"百团大战"中,娘子关再次成为主战场,并拉开"百团大战"的序幕。当时,晋察冀军区派出10个团到正太线平定至石家庄段,破坏重点为娘子关至平定段。8月20日夜,第129师和晋察冀军区部队同时发起战斗,晋察冀军区主力攻入娘子关,日军遭到沉重打击。

娘子关的景观与文化

娘子关,雄踞于今山西省平定县城东北45公里晋冀两省接壤处的绵山之上,一关隔两省,城墙分山原。关内是太行山山脉,重峦叠嶂,山高沟深;关外是华北大平原,黄土平展,一望无际。

娘子关隔山与太行井陉口相对,为东出燕赵、西归三晋的必经之地，扼守着晋冀两省中部此条最便捷的通道。

出井陉口东北方向可直趋京津，而过娘子关往西走，亦再无高山阻隔，三晋门户洞开。而娘子关关城又筑于绵山山腰，背依高接云天的嵯峨绵山，面临涧壁如削的万丈深峪，隔河相望之处有承天军寨，南与固关遥相呼应，北与董卓故垒连为一体，桃河则又由西南折向东北，环绕关城奔腾而过，真可谓"襟山带水，金城汤池"。

山西自古即为中原和关中地区的屏障，无山西则中原和关中不稳，而娘子关又凭据如此险峻之形势，自然肩负起了"三晋门户""京畿藩屏"的重任。一旦山西与冀中之间发生战事，大军行进必经此关，若有一方强兵屯驻把守，敌方军队便会插翅难越。

自古及今，由于娘子关战事频仍，其关城屡建屡毁。娘子关原来分上关、下关，东为上关，镌有"娘子关"横额；西为下关，上有阁楼，题"唐平阳公主驻兵处"，门额书有"秦晋屏蔽"四个大字。现在，我们所能够看到的主要为明代嘉靖二十一年（公元1542年）重修后的遗迹，历经460余年的风雨冲刷和战争破坏，关城岿然屹立于绵河入峡处。关城南北长400米，东西宽150米，东、南各开一座关门，两门中间为居民区，街道、民居的唐代古风犹存，居民也多是明清"军户"后裔。

关城的东门又称外门，砖券门洞，上面将台高筑，门洞上方刻有"直隶娘子关"，五个字笔力遒劲，犹如铁笔金钩写定。门上平台原为检阅士兵、瞭望敌情的观战台，现在已经筑起一座巍峨的城楼。

南城门，亦称内城门，娘子关城的全部建筑精华汇聚于此。上为门楼，下为砖券，高大坚固，门洞上方额书"京畿藩屏"四个大字，雄伟高大，蔚为壮观。"京畿"即京城所在地区，娘子关扼控晋冀要冲，而一旦娘子关失守，河北平原无险可守，东北向可直趋京津，"京畿"的安全根本无法保障了。门洞上重檐高楼，雕梁画栋，是为"宿将楼"，嵯峨雄伟，危楼高耸，相传为当年平阳公主聚将观察敌情、部署战阵、指挥御敌之所在。

原来宿将楼向内四根露明石柱上还镌刻有大字楹联两副，一联云："雄关百二谁为最，要路三千此并名；"

另一联云："楼头古戍楼边寨，城外青山城下河。"这两副虚实相对的精彩楹联，点出娘子关关城的雄险秀奇。娘子关关城南门，城门上不仅有雄伟壮观的"楼头古戍"宿将楼扼守，而且还有"楼边寨"。"楼边寨"是指南门西北方向与承天军寨互成犄角，南门外纵有群敌攻城掠关，军寨与关城相夹击，势如瓮中擒鳖。"城外青山城下河"当为楹联最精彩之处，它把娘子关关城的险境奇观描摹得出神入化：城外隔水相望的是连绵的青山，为自然屏障，城墙坐落的是悬崖绝壁滚滚东去的绵河深渊。

关楼复檐上悬有"天下第九关"匾额，这是根据娘子关为长城第九关题写的。我们通常所言之长城，西起今甘肃省的嘉峪关，东至濒临渤海湾的今河北省山海关，中间主要的关隘有居庸关、紫荆关、偏关、雁门关、平型关、娘子关等。娘子关位列第九，故有"天下第九关"之称。登上关城，居高远眺，娘子关全景尽收眼底。

关内尚有关帝庙、真武阁等遗迹。连接关台向东，是一道依山势筑起的高大城墙，斜坡达七十度，垣堞累累，高不可攀，蜿蜒延伸，一直与东门相接，而东门城墙又北筑到悬崖上，扼控东、南路口，西、北则是悬崖绝壁，再加上关城两翼依山修筑的"内三关"长城，远近相连，上下一体，构成一个严密立体的防御体系。

娘子关奇特之处在于，虽然它处于太行山的崇山峻岭之间，但无论山上还是山下，处处可见清澈透明的甘泉水，因此号称北方的"水乡泽国"。这里，"城外青山城下河"，娘子关之雄险与泉水之秀美融为一体了。

在娘子关城堡东北角妫女祠下的半崖之间，一股清澈透明的泉水，顺百仞悬崖直泻河谷，悬崖下有一溶洞，被泉水下泻形成的瀑布遮掩，故名"水帘洞瀑布"。明代诗人王世贞题有"喷玉高从西极下，擘崖雄自巨灵来"的诗句。清光绪八年版《平定州志》载："水帘洞瀑布，在州东北九十里娘子关妫女祠下半崖间，清流千尺，下悬绝涧，形似珠帘，今涸。尝有曲形入穴者，见石室方正，结顶如张幪幪，复经数屋则蝙蝠大于箕，张两翼触火灭矣！洞出水流石，又名上水石，白色。洞旁村人垂绳冒水取之以货。"瀑布一坠千尺，水花飞溅，水雾弥漫，峡谷轰鸣，水雾绚丽多彩，蔚为壮观。

金代诗人元好问晚年游历至此,产生了"悬流百里行不前,但觉飞湍醒毛发"之感。又曾饱含深情地吟道:

并州之山水所洑,
骇浪几轰山石裂。
只知晋阳城西天下稀,
娘子关头更奇崛。

今人郭沫若在途经娘子关瀑布时,亦即兴赋诗一首,咏叹了水帘洞瀑布之雄伟壮观:

娘子关头悬瀑布,飞腾入谷化潜龙。
茫茫大野银锄阵,叠叠崇山铁轨通。
回顾陡惊溶碧玉,倒流将见吸长虹。
坡地二十六万亩,跨过长江待望中。

参考文献

一、著作类：

1. 中华书局校勘本《二十四史》，中华书局 1997 年校释本合订版，其中包括：

   《史记》，［西汉］司马迁撰，［南朝宋］裴骃集解，［唐］司马贞索隐，［唐］张守节正义；

   《汉书》，［东汉］班固撰，［唐］颜师古注；

   《三国志》，［晋］陈寿撰，［南朝宋］裴松之注；

   《后汉书》，［南朝宋］范晔撰，［唐］李贤等注；

   《晋书》，［唐］房玄龄等撰；

   《宋书》，［南朝梁］沈约撰；

《梁书》，[唐]姚思廉撰；

《魏书》，[北齐]魏收撰；

《周书》，[唐]令狐德棻等撰；

《隋书》，[唐]魏征等撰；

《金史》，[元]脱脱等撰；

《宋史》，[元]脱脱等撰；

《元史》，[明]宋濂等撰；

《明史》，[清]张廷玉等撰。

2. 《清史稿》，[民国]赵尔巽等撰，中华书局1977年版。

3. 《说文解字》，[东汉]许慎撰，中华书局1963年版。

4. 《战国策》（全二册），[汉]刘向撰，上海古籍出版社1998年。

5. 《文选》，[南朝梁]昭明太子撰，[唐]李善注，上海世界书局1935年版。

6. 《庾子山集注》，[北周]庾信撰，[清]倪璠注，中华书局1980年版。

7. 《元和郡县图志》，[唐]李吉甫撰，中华书局1983年。

8. 《玉海》，[宋]王应麟辑，《景印文渊阁四库全书》本。

9. 《契丹国志》，[宋]叶隆礼撰，上海古籍出版社1985

年版。

10. 《樵歌》，〔宋〕朱敦儒撰，上海古籍出版社 1998 年版。

11. 《大金国志》，〔宋〕宇文懋昭著，中华书局 1986 年版。

12. 《图书编》，〔明〕章潢编撰，《景印文渊阁四库全书》本。

13. 《蜀中名胜记》，〔明〕曹学佺著，刘知渐点校，重庆出版社 1984 年版。

14. 《西关志》，〔明〕王士翘撰，北京古籍出版社 1990 年版。

15. 《春秋大事表》，〔清〕顾栋高著，中华书局 1993 年版。

16. 《读史方舆纪要》，〔清〕顾祖禹撰，中华书局 2005 年版。

17. 《天下郡国利病书》，〔清〕顾炎武撰，上海古籍出版社 2012 年版。

18. 《龚自珍全集》，〔清〕龚自珍撰，上海古籍出版社 2000 年版。

19. 《全唐文》，〔清〕董诰等编，中华书局 1983 年影印版。

20. 《四镇三关志校注》，〔明〕刘效祖撰，中州古籍出版社 2018 年版。
21.《唐宋词格律》，龙榆生编撰，上海古籍出版社 1978 年版。
22.《龙榆生词学论文集》，龙榆生著，上海古籍出版社 1997 年版。
23.《宋词选》，胡云翼选注，上海古籍出版社 1997 年版。
24.《秦皇长城考》，黄麟书著，造阳文学社 1972 年版。
25.《盛唐边塞诗评》，漆绪邦著，山西人民出版社 1987 年。
26.《万里长城·山海关》，文物出版社 1979 年版。
27.《三垣笔记》，［明］李清著，中华书局 1982 年版。
28.《山海关首届中国长城学术研讨会论文集》，孙学海主编，《长城学刊》编辑部 1992 年版。
29.《山海关志》，秦皇岛市山海关区地方志编纂委员会编，天津人民出版社 1994 年版。
30.《晚明史（1573—1644）》，樊树志著，复旦大学出版社 2003 年版。
31.《中国区域历史地理》，李孝聪著，北京大学出版社 2004 年版。
32.《万里长城纵横谈》，董耀会著，人民教育出版社 2004 年版。

33. 《山西古关隘》，卢有泉著，辽宁人民出版社 2005 年版。
34. 《阳泉市志》，孟宏儒主编，当代中国出版社 1998 年版。
35. 《河山集四集》，史念海著，陕西师范大学出版社 1991 年版。
36. 《万里长城——嘉峪关》，高凤山著，文物出版社 1982 年版。
37. 《丝绸之路漫记·甘肃分册》，田恒江、周德广著，新华出版社 1983 年版。
38. 《秦边纪略》，[清] 梁份著，赵盛世等校注，青海人民出版社 1987 年版。
39. 《嘉峪关及明长城》，高凤山、张军武著，文物出版社 1989 年版。
40. 《大明风云——明朝兴亡启示录》，安震著，长春出版社 2005 年版。
41. 《南雄诗词选》，南雄县文联编，广东高等教育出版社 1990 年版。
42. 《南雄县志》，南雄县地方志编纂委员会编，广东人民出版社 1991 年版。
43. 《梅岭古今》，南雄县政协文史资料委员会编，《南雄文史资料》第 12 辑（1992 年版）。

44. 《先秦战略地理研究》，宋杰著，首都师范大学出版社 1999 年版。
45. 《三国兵争要地与攻守战略研究》，宋杰著，中华书局 2019 年版。

二、文章类：

1. 《车战时代的天险——函谷关》，水田月，《西安教育学院学报》2001 年第 4 期。
2. 《汉武帝广关措置与西汉地缘政策的变化——以长安、洛阳之间地域结构为视角》，胡方，《中国历史地理论丛》2015 年第 3 期。
3. 《潼关天险考证——关中要塞研究之三》，关治中，《渭南师专学报》1999 年第 3 期。
4. 《唐代潼关述略》，穆渭生，《陕西教育学院学报》2002 年第 4 期。
5. 《西汉玉门关、县及其长城建置时序考》，赵评春，《中国历史地理论丛》1994 年第 2 期。
6. 《春风要度玉门关》，许评，《山东文学》2005 年第 12 期。
7. 《西汉玉门关遗址质疑》，侯晓星，《宁夏大学学报》

2002年第2期。

8. 《汉玉门关与西域南北道》，侯玉臣，《甘肃社会科学》2002年第1期。
9. 《汉代的西方经略与两关设置年代考》，[日]日比野丈夫、王蕾，《西夏研究》2015年第1期。
10. 《玉石时代——玉门关的变迁》，胡杨，《丝绸之路》2002年第7期。
11. 《玉门关名义新探——金关、玉门二名互匹说》，李正宇、李树若，《敦煌学辑刊》2005年第1期。
12. 《汉代河西军事地理研究》，贾文丽，首都师范大学博士论文2011年。
13. 《千秋雁门关：关河秋色照戎衣》，伊云，《文物天地》1983年第2期。
14. 《千秋凛然雁门关》，晋洋，《黄河》2011年第6期。
15. 《读史居庸关兵事纪要》，陈涵韬，《无锡教育学院学报》1997年第4期。
16. 《明长城居庸关防区军事聚落防御性研究》，刘珊珊，天津大学博士论文2011年。
17. 《剑门关考》，黄邦红，《四川文物》1994年第3期。
18. 《剑阁：蜀门锁钥》，孙翠东，《中国老区建设》2016年第12期。
19. 《冲冠非为红颜怒》，今凡，《贵州文史天地》1998

年第 6 期。

20. 《嘉庆八年管理民人出入山海关史料选》，中国第一历史档案馆选编，《历史档案》2001 年第 2 期。
21. 《山海关长城形制调查与初步研究》，徐聪慧，《科技风》2018 年第 18 期。
22. 《娘子关揽胜》，李广华，《沧桑》1995 年第 2 期。
23. 《娘子关揽胜》，段锁成，《娘子关》2003 年第 1 期。
24. 《娘子关辛丑纪事碑》，苗文化、杨书生，《山西档案》2002 年第 3 期。
25. 《山西平定娘子关镇建筑特色探析》，秦葵、蔡唯为，《山西建筑》2010 年第 1 期。
26. 《山西平定县娘子关村村落空间形态特征研究》，张建华、焦尔桐、吴林娟，《建筑与文化》2016 年第 11 期。
27. 《铁壁重险嘉峪关》，张军武，《丝绸之路》1994 年第 2 期。
28. 《"长城主宰"：嘉峪关》，罗哲文，《今日中国》（中文版）1999 年第 6 期。
29. 《嘉峪雄关》，李东伦，《中国地名》2002 年第 6 期。
30. 《嘉峪关关城木构建筑研究》，齐斯洋，天津大学硕士论文 2014 年。
31. 《梅岭得名小考》，罗耀辉，《广东史志》1995 年第

1 期。

32. 《赣南地方文献与大庾岭梅关的文化象征意义》,饶伟新,《古籍整理研究学刊》2000 年第 6 期。
33. 《梅关古道关钥文化内涵探析》,莫昌龙,《韶关学院学报》2012 年第 5 期。
34. 《文化线路视野中梅关古道的历史演变及其保护研究》,王薇,复旦大学博士论文 2014 年。

图书在版编目（CIP）数据

关隘拱卫的中国 / 安介生编著. —— 上海：上海文艺出版社，2025

（九说中国. 第二辑）

ISBN 978-7-5321-8186-5

Ⅰ.①关… Ⅱ.①安… Ⅲ.①关隘－介绍－中国 Ⅳ.①K928.77

中国版本图书馆CIP数据核字(2022)第126405号

策 划 人：孙　晶
责任编辑：胡曦露
封面设计：胡斌工作室

书　　名：关隘拱卫的中国
编　　著：安介生
出　　版：上海世纪出版集团　上海文艺出版社
地　　址：上海市闵行区号景路159弄A座2楼 201101
发　　行：上海文艺出版社发行中心
　　　　　上海市闵行区号景路159弄A座2楼206室 201101 www.ewen.co
印　　刷：浙江天地海印刷有限公司
开　　本：787×1092　1/32
印　　张：9.625
插　　页：6
字　　数：133,000
印　　次：2025年5月第1版　2025年5月第1次印刷
Ｉ Ｓ Ｂ Ｎ：978-7-5321-8186-5/G.0340
定　　价：59.00元
告 读 者：如发现本书有质量问题请与印刷厂质量科联系　T:0573-85509555